REVIATHAN

TOME 4
LES STREAMS

Nadia Joynson

Dédié à mon père, Peter, et à ma mère, Josanne, pour leurs dons de créativité et d'ouverture d'esprit, sans lesquels je ne serais pas la personne que je suis aujourd'hui. Je suis reconnaissante de la force de la diversité de mon héritage.

1
Le tisseur d'eau

Modonis se fraye un chemin dans la forêt en suivant les taches de lumières dansantes qui la traversent. Sa destination et son intention étaient claires dans son esprit, il allait voir le nouveau Power Pack de génération 6, marque 6730, par lui-même. Les gens du camp principal de la tribu Stream au Reviathan en avaient parlé toute la semaine, de son poids plume, de sa capacité à fournir 16 heures d'autonomie, totalement fabriqué à partir de matériaux renouvelables et basé sur la bioénergie humaine. Une veste plate qui récupère tout excès d'énergie corporelle, qu'il s'agisse d'émotions électromagnétiques ou du simple fait de marcher. Toute l'énergie dont vous pourriez avoir besoin pour vos besoins personnels quotidiens.

Il a passé en revue toutes les caractéristiques dans sa tête, pensant à son ingéniosité et à ce qu'il pourrait faire s'il en avait une. Il n'en avait pas encore, mais il était en route pour rencontrer son ami Krysol dont le père était à la tête de la fédération Stream qui avait travaillé en collaboration avec les innovateurs de la tribu Spark pour la créer. Le père de Krysol avait une influence et des relations que les parents de Modonis n'avaient pas.

Ils appartenaient à une section de la tribu Stream qui s'occupait de la distribution de l'eau, ce qui ne semblait pas aussi excitant pour Modonis.

Il pouvait imaginer la Génération 6 dans son esprit, dans les moindres détails. Ça pouvait vraiment changer la donne. Ils vont en fabriquer des milliers, pensa Modonis. « Peut-être pourrais-je les aider. Vous savez, faire partie de l'équipe qui influence les gens pour qu'ils les utilisent plutôt que leurs vieux blocs d'alimentation lourds ? ». Il était sûr que ça marcherait. Il ne pouvait pas échouer. « Pourquoi quelqu'un ne voudrait-il pas d'un de ces gadgets ? ». Dans son esprit, c'était du pur luxe !

Son pas s'élargit alors qu'il marchait à travers les fourrés avec enthousiasme. Il y est presque. C'était presque à sa portée. Krysol avait la chance d'avoir reçu l'un des premiers prototypes que Modonis espérait pouvoir emprunter, juste pour un certain temps.

« Mais si Krysol refusait de le lui prêter ? » pensait-il en se sentant soudain glacé par la peur. « Il ne ferait pas ça, n'est-ce pas ?« Non, il ne pouvait pas laisser cela se faire. Il devait trouver une stratégie pour le convaincre. « Ça ne doit pas être trop dur », pensait-il, « après tout, Krysol était son meilleur ami, et il lui faisait confiance. Il a réfléchi un moment. « Et si ce n'était pas le cas ? Que pourrait-il lui dire pour le convaincre de se séparer de son gadget le plus précieux ? » Modonis faillit trébucher sur une branche tant il était concentré sur une stratégie pour obtenir ce qu'il voulait. Il n'y avait pas d'autre possibilité, bien sûr que Krysol le prêterait ! Il lui rappellerait simplement que c'est ce que font les meilleurs amis. Ils s'entraident, ils s'aident à réaliser leurs rêves. »

A ce moment-là, quelque chose lui fit sortir de ses pensées. C'était un bruit d'éclaboussure, quelqu'un était en train de paniquer.

Modonis sortit de ses pensées et passa directement à l'action en courant vers une clairière entre les arbres pour voir la rivière Vedren couler à ses pieds. Il y avait un enfant accroché à une branche au bord de la rivière, essayant désespérément d'éviter d'être emporté par le courant. Ses yeux étaient écarquillés de peur et il appelait à l'aide.

Modonis se frotta les mains alors qu'il tordit d'un coup de poignet une branche et les plaça avec précaution mais détermination dans les eaux au bord de la rivière. Des ondulations commencèrent à se former, dont la taille augmentait de seconde en seconde. Il modifie légèrement l'angle de sa main droite et voilà que l'eau se fend pendant quelques instants. Juste assez pour permettre à l'enfant de se tenir sur le lit de la rivière et de se mettre à l'abri.

Le petit garçon aux cheveux blonds dorés s'est jeté au sol, épuisé. Il ne devait pas avoir plus de 8 ans. Modonis a arrêté la barrière d'eau qu'il avait créée et s'est approché de lui pour vérifier qu'il allait bien.

Son torse respirait profondément alors qu'il se remettait du choc.

« Que fais-tu ici tout seul ?« demande Modonis.

Le garçon lui répond en clignant des yeux, toujours déphasé par son escapade et incapable de parler. Modonis remarqua qu'il portait une clé très ornée dans sa main. Elle était attachée à son poignet par de fines lanières de cuir. Le garçon a vu que Modonis fixait la clé et a soudainement pris peur.

« C'est la mienne », dit-il, en essayant d'être aussi sûr de lui que possible dans ces circonstances.

« C'est bon », rassura Modonis. « Je ne suis pas intéressé par votre clé. Je vous demande ce que vous faites ici seul. Tu es de la tribu Sunset, non ? »

Le garçon a hoché la tête mais n'a pas parlé.

« Où se trouve votre communauté ? » demanda Modonis.

« Secteur dix-sept », répondit le garçon d'un air penaud, sans regarder Modonis dans les yeux, ce qui est en soi très inhabituel pour un Sunset.

Les membres de la tribu Sunset sont chargés de créer un sentiment d'appartenance afin qu'aucune des populations de Reviathan ne se sente jamais isolée. Il était rare de les voir seuls, surtout les enfants. Modonis est devenu très méfiant et a regardé le garçon droit dans les yeux comme pour dire, « ça ne me va pas ».

« C'est un sacré chemin d'ici pour un jeune gars comme toi », poursuivit-il. « Tu as dû marcher au moins deux heures pour arriver ici ? Sérieusement, ta famille n'est pas inquiète ? Connais-tu le chemin du retour ? »

Le garçon regardait toujours ailleurs. Il était clair pour lui que, quelle que soit sa destination initiale, la partie était désormais terminée. Il n'y avait pas à discuter avec Modonis qui avait décidé d'assurer sa sécurité, même si cela signifiait le ramener chez lui. Alors qu'il attendait une réponse, il cherchait déjà autour de lui la bonne direction à prendre, excité à l'idée qu'une autre aventure s'ouvrait devant lui et heureux de prendre en charge le moment présent.

« Je suppose que la Génération 6 devra attendre quelques heures », pense-t-il, toujours déterminé à faire l'aller-retour avant la tombée de la nuit.

Modonis vit que le garçon n'était pas d'humeur à le suivre. « Eh bien, tu ne peux clairement pas rester ici tout seul. » Il fit une pause. « Ok, je vais te montrer quelques astuces en chemin », encouragea-t-il. « Tu as l'air d'un aventurier, on ne sait jamais quand on peut avoir besoin de quelques tours dans sa manche. La vie peut être pleine de surprises », taquina Modonis, les yeux pétillants.

Cela a clairement attiré la curiosité du garçon. « Peux-tu me montrer comment tu as séparé l'eau ? » demande-t-il.

« Je vais te montrer quelque chose d'encore mieux que ça ! » Modonis rit et commença à s'éloigner à grands pas, le jeune garçon essayant tant bien que mal de le rattraper.

Les nouveaux amis marchèrent pendant plus d'une heure, le garçon étant toujours déterminé à ne rien dire à Modonis sur son identité. De temps en temps, Modonis s'arrêtait pour montrer au garçon comment travailler avec les éléments : le feu, l'eau, l'air, la terre et même la foudre. Les membres de la tribu des Streams avaient appris à maîtriser les pouvoirs de chacun des éléments, les dirigeant selon leur volonté. Ils ne pouvaient pas modifier leur forme et leur composition comme les Sparks, mais ils pouvaient littéralement les déplacer, changer le flux, l'intensité et la direction de toutes ces énergies. Ils étaient passés maîtres dans l'art de manipuler les éléments. En tant que personnages charismatiques et forts, ils étaient aussi souvent capables d'influencer les autres de cette manière et ils ont appris avec le temps que cela pouvait les amener à manipuler les gens aussi s'ils se sentaient sous pression. Pendant les années de cataclysmes environnementaux, cette puissante tribu a maintenu une grande partie de l'ordre. Ils ont compris que la façon dont ils dirigeaient les éléments naturels pouvait être une question de vie ou de mort pour les autres considérés comme des abus de pouvoir.

Ils étaient bien conscients de nos faiblesses et des actions que nous pouvons entreprendre lorsque nous ne nous sentons pas au mieux de notre forme, que tout le monde est vulnérable à cela. L'ennui était un problème particulier pour eux. Ils aimaient l'action et pouvaient avoir un impact considérable lorsque leur propre énergie était bien dirigée. Ils trouvaient de l'excitation dans l'élaboration de nouveaux projets, surtout s'il s'agissait d'un défi, et dans l'enthousiasme de mettre en place de nouvelles idées. Les voir se concrétiser était une motivation puissante pour eux et il faut dire qu'ils avaient des difficultés dès que trop de routine s'installait dans leur vie quotidienne. En cela, ils différaient beaucoup des membres de la tribu des Seasons. Modo- nis approchait de son rite de passage où il devait démontrer sa capacité à utiliser la bonne quantité de puissance et d'énergie face à divers défis. La sagesse des Streams était d'apporter le bon équilibre de puissance à toute situation, une question de bon dosage pour mettre les choses en action, initier un mouvement, sans sur- ou sous-utiliser les sources. C'est pourquoi ils géraient l'utilisation de l'énergie pour l'ensemble de la communauté Reviathan.

Modonis était heureux de relever ce nouveau défi de ramener le garçon chez lui. Dans son esprit, il pouvait voir le village maintenant, tout le monde le remerciant, mais plus que tout, c'était une bonne excuse pour continuer à entraîner ses capacités.

Fasciné par ce qu'il apprenait de Modonis, le jeune garçon était maintenant très étonné des capacités de son nouveau mentor. Il était impatient d'apprendre tout ce que Modonis voulait lui montrer. Ils pliaient l'eau en toutes sortes de formes qui ressemblaient à des bulles dans l'air. L'enfant riait lorsque Modonis tordait des volumes d'eau en formes d'animaux, qu'il devait deviner. Il fait jaillir des courants d'air sous ses jambes et des mini-tornades autour de lui, ce qui surprend le garçon, mais le fait ensuite éclater de rire, car il se rend compte en un instant qu'il n'était pas en danger. Ils l'ont même soulevé dans les airs. C'était la première fois qu'il avait l'impression de voler ! Pendant ce temps, Modonis s'entraînait à maintenir le garçon à une certaine hauteur sans broncher, en maintenant une précision dans l'intensité et la direction de la pression de l'air sous lui.

Au moment où il préparait un volcan terrestre miniature, une petite rupture qu'il comptait utiliser pour surprendre le garçon alors qu'il s'asseyait pour se reposer, son attention fut attirée par l'autre côté d'une bifurcation dans le chemin qu'ils suivaient. Il menait à la côte, à plusieurs kilomètres de là. Alors qu'il regardait l'horizon, Modonis a remarqué deux spectres s'approchant à une certaine vitesse. En un instant, il a réalisé qu'ils se dirigeaient droit vers lui. Ils se déplaçaient sur des Regsters qui semblaient être assez instables, ou du moins l'un d'entre eux l'était. D'après ce qu'il a pu voir, la personne qui s'y trouvait réussissait tout juste à rester debout.

La première personne à s'approcher d'eux était une fille rousse qui était en équilibre sur son Regster, sa cape flottant derrière elle alors qu'elle s'arrêtait brusquement mais furtivement devant eux. Elle regarda Modonis directement et leva ses cinq nageoires en guise de salut.

« Je suis Alandra de la tribu des Snows », dit-elle clairement et précisément.

Modonis était ravi de l'apparition d'une autre ex-citadine dans sa journée. Il la regarda et hocha la tête. Il était sur le point de lever ses cinq doigts pour rejoindre les siens lorsqu'ils furent tous deux dérangés par le bruit perturbateur du Regster de l'autre personnage qui raclait le sol. Le personnage descendit de sa chaise de manière plutôt disgracieuse, mais se redressa rapidement et se dirigea également vers Modonis, essayant de se remettre de ce qui semblait être un sentiment de malaise.

« Sketch », dit-il en tendant ses doigts comme Alandra, dans le salut traditionnel des Reviathan.

« Modonis », fut la réponse, « heureux de vous rencontrer tous les deux. Je dois dire que vous n'avez pas l'air de venir des campements de Reviathan. Quelle est votre tribu ?« demanda Modonis en regardant Sketch.

« Je viens d'un endroit que vous appelez Nouvelle Terre », a précisé Sketch. « C'est en fait une vieille Terre pour nous, et en fait, nous ne l'avons jamais quittée. »

« Comment est-ce possible ? » demanda Modonis, « J'ai entendu des mythes sur l'existence de nouveaux camps d'humains, mais ne reste-t-il rien là-bas ? ».
« C'est une longue histoire », renifla Sketch.

« ...et c'est important mais pour l'instant je ne suis pas sûre que ce soit une priorité », ajouta Alandra.

« Ecoutez. Il y a des factions qui se créent au sein de la tribu Stream en ce moment même, nous devons parler avec le Haut Commissariat Stream. Pouvez-vous nous indiquer la bonne direction ? Mon bloc-notes fonctionne à nouveau mal. » Elle a haussé les épaules « des tempêtes de sable très tardives sont encore entrées dedans ». Elle a continué, en le secouant dans tous les sens. « Nous devons demander aux Sparks d'inventer le 'sandproofing' mais il y en a si peu besoin dans le Reviathan, ça doit être tout en bas de leur liste de priorités. Tant de choses à faire, si peu de temps. » Elle a soupiré.

« Le Haut Commissariat, hein ? » répondit Modonis, « vous devrez faire la queue sans doute. Ils n'ont peut-être pas le temps pour les questions des Snows en ce moment, ils sont occupés par les préparatifs du Dyna-Flow Challenge et la question de la pénurie d'eau. Je le saurais, mes parents collaborent aux centres de stockage. Peut-être que si c'est pour ça qu'ils créent des factions, tu pourrais être entendu ? »

« Comment le sauriez-vous ? », répond Alandra avec indignation. « Vous êtes ici..... et vous n'êtes pas vos parents.... ni un Haut Commissaire. Je vous ai simplement demandé des indications. Pourriez-vous répondre à ma question s'il vous plaît ? »

Modonis n'a pas apprécié de se faire rabrouer. « Vous pouvez le trouver vous-même si vous voulez être impoli », s'est-il emporté. « J'essayais de vous épargner un voyage inutile. Je n'ai jamais rencontré un Snow qui aime perdre du temps. »

Alandra regarda Modonis d'un air désapprobateur, comme pour dire « vraiment ? ».

« Ok, ok, je vois, nous perdons du temps maintenant », Modonis gonfla sa poitrine pour garder sa dignité. « C'est à trois kilomètres d'ici, derrière la colonne ouest de Veddon. Si vous allez tout droit et que vous faites le tour de la base de la montagne sur la gauche, vous le trouverez, vous ne pouvez pas le manquer. »

Puis regardant Sketch il a ajouté, « ...bien, si votre Regster vous emmène aussi loin. » Il a gloussé pour lui-même.

« Je me débrouillerai » , dit Sketch en se levant de façon plus affirmée cette fois. Alors qu'ils se préparent à partir, Alandra remarque du coin de l'œil le petit garçon assis tranquillement.

« Je vous ai déjà vu » , dit-elle doucement, comme si elle exprimait ses pensées à haute voix. Elle lui a souri. « Tu n'es pas perdu », lui a-t-elle dit, « souviens-toi que tu n'es jamais perdu. Nous nous reverrons. »

Et sur ce, Alandra et Sketch se mirent en route en direction du Haut Commissariat, laissant Modonis et le garçon se demander qui ils étaient exactement et ce qui venait de se passer.

2
Le village du crépuscule

Les nouveaux amis marchèrent pendant plus d'une heure, le garçon se sentait beaucoup mieux, mais était toujours déterminé à ne rien dire à Modonis sur son identité. De temps en temps, Modonis continuait à s'arrêter et à montrer au garçon comment travailler avec les éléments. Il voyait que c'était un excellent moyen de continuer à progresser et bien sûr, en moins d'une heure, ils étaient arrivés.

Alors qu'ils approchaient du campement de la tribu Sunset, leurs deux silhouettes avaient déjà été aperçues au loin. Il y avait une multitude d'enfants qui les entouraient, sautant et chantant ou leur tendant la main pendant qu'ils marchaient. Modonis était très touché par toute cette attention. Il avait oublié combien les Sunsets étaient ouverts et accueillants. L'air était rempli d'un sentiment de joie pétillante.

« Très étrange que le petit garçon n'ait pas été aussi joyeux que ses camarades Sunsets », pensa Modonis. Il s'interrogea sur cette pensée pendant un moment alors qu'il marchait avec les autres enfants.

Ils ont été accueillis avec grâce par le chef des Sunsets du campement 6. C'était une grande dame au visage délicat, vêtue d'une longue robe verte. Elle s'enroulait à sa taille et s'écoulait derrière elle. Modonis pensait qu'elle n'avait probablement pas à se déplacer autant, elle semblait terriblement lourde. Elle sourit doucement, ouvrant largement ses bras pour les recevoir. Toute sa forme était entourée d'une teinte magenta qu'il reconnut comme leur incroyable capacité de guérison. Le simple fait d'être à proximité d'un Sunset suffisait à catalyser un processus de régénération dans le réseau cellulaire de toute créature. C'était une sensation très étrange, comme être enveloppé dans une couverture de bonheur. Comme les autres tribus, leurs corps avaient développé cette capacité pendant le cataclysme environnemental, mais cette fois-ci, elle n'était pas seulement née d'un besoin de survie personnelle, mais parce que les Sunsets avaient intrinsèquement compris que la meilleure façon de survivre était de former une communauté. Les êtres humains sont des créatures sociales et en s'occupant les uns des autres, en s'encourageant et en prenant soin d'eux, leurs corps ont commencé à créer des quantités phénoménales d'hormones telles que la sérotonine et l'ocytocine. La circulation de l'énergie générée par ces hormones est devenue une partie naturelle de leur système. Leur corps en déborde littéralement ! Vous pouvez imaginer l'efficacité de venir voir un Sunset lorsque vous êtes malade ou que vos batteries ont besoin d'être régénérées, sans parler du simple fait de se sentir membre du groupe. Il est de leur responsabilité de veiller à ce que personne ne soit laissé de côté et leur pire crainte est de ne pas appartenir au groupe. Il n'y a rien qu'un Sunset aime plus que d'être apprécié pour sa gentillesse, même si parfois il en fait un peu trop pour les autres. Les Youngers apprennent dès leur plus jeune âge à prendre soin d'eux-mêmes afin de ne pas se déséquilibrer en donnant trop d'énergie ou en étant dans le besoin. C'est vital étant donné leur nature généreuse et nourricière. Leurs campements ont toujours été des lieux d'harmonie et de convivialité où leur hospitalité était reconnue par toutes les autres tribus comme inégalable.

« Te voilà Sondar ! » dit Liyla, l'élégante jeune femme, avec un sentiment de ravissement si fort qu'il illumine toute la zone autour d'elle. « Où étais-tu ? Tout le monde te cherchait. »

Le garçon s'est contenté de hausser les épaules et de regarder ailleurs. Il était clairement déçu d'avoir été attrapé et encore fatigué de sa mésaventure dans la rivière et de la longue marche du retour. Il fronça les sourcils. Ce faisant, Modonis réalisa qu'il n'était probablement pas du tout un Sunset. « Pourquoi était-il dans ce village ? Pourquoi lui a-t-il dit que c'était sa maison ? »

« Il est venu chez nous quand il était bébé », dit Liyla en remarquant que Modonis reliait les points. « C'est très étrange. Nous essayons de comprendre pourquoi il ne se sent pas à l'aise et en sécurité ici. C'est la deuxième fois qu'il s'enfuit et nous ne pouvons que supposer qu'il est à la recherche de ses parents. La vérité est que nous ne savons pas de quelle tribu il est et il ne peut pas nous le dire. »

« Le seul indice que nous avons est la clé qu'il porte partout avec lui » , a-t-elle ajouté. « Avez-vous une idée de ce qu'elle peut représenter ? » demanda-t-elle.

Modonis secoua la tête, à court d'idées. « Le mieux serait de demander à un membre de la tribu des Snows », suggéra-t-il, tout en se rendant compte qu'il aurait pu demander à Alandra, d'autant plus qu'elle avait semblé le reconnaître de quelque part.

Liyla acquiesça et se tourna vers eux pour leur indiquer qu'ils pouvaient la rejoindre dans le cercle principal. De nombreuses personnes y étaient déjà rassemblées, discutant avec animation. Modonis était hypnotisé par la vibrante teinte magenta qui les entourait.Il n'avait jamais vu autant de Sunsets réunis en un seul endroit et... leurs champs d'énergie collectifs lui donnaient l'impression de marcher dans un nuage rose foncé lorsqu'il s'approchait. Liyla gloussa doucement en le voyant hésiter.

« Totalement inoffensif », encouragea-t-elle en souriant lorsqu'elle remarqua que Modonis évaluait le danger, « en fait, nous pourrions vous aider à récupérer rapidement de votre longue marche. »

Un vieux membre de la tribu au visage aimable installa deux chaises pour les nouveaux invités. Les Sunsets sont en effet extrêmement hospitaliers. Ils aiment une bonne réunion d'amis et adorent rencontrer de nouvelles personnes. Ils buvaient du thé à l'hibiscus qui coulait dans toutes les directions entre les bavardages. Modonis pouvait entendre des extraits de différentes conversations. Les tons et les rythmes des voix étaient très différents mais ils semblaient tous parler de la même chose, la découverte d'un village sur la Nouvelle Terre et le groupe de Streams et Seasons qui était parti à leur rencontre. Il semblait y avoir beaucoup de confusion dans leurs voix. Les Sunsets aimaient philosopher et observer la nature humaine. Qu'est-ce qui pousse les gens à faire ceci ou cela ? Qu'est-ce qui est essentiel dans notre façon de vivre ? Qu'est-ce que le bonheur ? Pourquoi sommes-nous là ? Ils pouvaient discuter de ces questions pendant des heures. Leur fondateur Harfiz était lui-même un philosophe et un ami proche de Devon, l'initiateur de Reviathan. Ils avaient passé de nombreuses soirées à discuter des mérites d'une nouvelle utopie où chacun pourrait contribuer et trouver sa place. Harfiz était d'origine perse et l'hospitalité est un élément essentiel de leur culture. Il était donc tout naturel que les Sunsets prennent en charge cette partie du réseau social de Reviathan.

Ils ont créé des clubs, des activités et des endroits pour se retrouver, toujours dans la même atmosphère chaleureuse et accueillante. Il faut dire que les Sunsets aiment leurs espaces comme un co-coon. Ils aiment le confort et prennent plaisir à ce que les autres se sentent confortables aussi. Ils ont également des cinq sens très développés et sont sensibles aux odeurs, aux couleurs et aux sons. Souvent, lorsque vous entrez dans leur espace, vous remarquez une musique de fond ou une belle odeur qui flotte dans l'air. Il peut y avoir des fleurs ou des hologrammes d'œuvres d'art.

« Que s'est-il passé sur la Nouvelle Terre ? » demanda Modonis avec curiosité en prenant place dans le cercle.

« Nous avons eu vent sur les réseaux Reviathan qu'un village avait été découvert sur Nouvelle Terre et qu'il y a eu quelques tensions entre les tribus Reviathan qui ont découvert son existence », répondit une dame qui était assise en face de Modonis.

Il remarqua que ses cheveux étaient tressés de manière complexe avec de nombreux fils d'or et d'argent. Il la dévisagea un instant sans même se rendre compte qu'il le faisait. Il a été ébloui pendant un instant par sa beauté. Elle devait être habituée à cela car elle ne broncha pas du tout. Elle s'est simplement assise en souriant gentiment, attendant qu'il continue à parler. Modonis toussa et se racla la gorge en réalisant ce qu'il faisait. Il se sentait légèrement rougir et se demandait s'il n'avait pas pris la même couleur que le magenta qui les entourait. Il avait vraiment envie de disparaître.

« Je ne peux pas croire qu'un membre d'une tribu ait intentionnellement provoqué des tensions, les Néo-Terriens sont-ils dangereux ? » demanda Modonis.

« Nous savons très peu de choses sur eux », répondit la dame.

« Mais ils semblent être très réactifs d'après ce que nous avons appris des réseaux », ajouta un autre homme, « bien que nous devons faire attention à ce que nous entendons sur les réseaux car cela peut être très déformé et après tout, une partie de notre rôle est de nous assurer que tout ce qui est partagé n'attaque pas quelqu'un d'autre, cela inclut ce que nous pensons savoir sur ces Néo-Terreux. »

Modonis s'arrêta un moment. « Je crois que je viens d'en rencontrer un », dit-il d'un air stupéfait, en repensant à sa rencontre avec Alandra et le jeune homme qui l'accompagnait. « A quoi ressemblent-ils ? »

« D'après ce que nous avons entendu, ils semblent être de taille assez mince mais athlétique, sans doute en raison de nombreuses années de vie à la limite de la survie. Ils sont constitués de nombreuses nationalités différentes, donc à part ça, c'est difficile à dire. Certains disent qu'ils ressemblent aux anciennes tribus aborigènes. » Il s'est arrêté un instant, l'air philosophe, puis a continué. « Il est intéressant que nous les appelions ainsi car le mot 'aborigène' désigne en fait une personne indigène de n'importe quel pays. Je suppose que c'est exactement ce qu'ils sont maintenant, les vrais indigènes de la Nouvelle Terre qui ont créé une nouvelle civilisation dans les suites des cataclysmes. »

Plusieurs personnes autour de lui hochèrent sagement la tête à sa remarque. Le cercle se tournant vers lui, Modonis décida de partager son histoire.

« En venant ici, un membre de la tribu des Snows, une jeune fille m'a demandé son chemin. Elle était accompagnée d'un jeune homme d'environ le même âge qu'elle. Il avait l'air inhabituel, ses marques ne ressemblaient à rien de ce que j'avais vu auparavant dans le Reviathan. Il n'avait certainement aucune idée de la façon dont on monte un Regster, » s'amusa Modonis, s'arrêtant soudainement. « Woah, j'ai rencontré un New Earther ? » conclut-il avec enthousiasme. Il se lève et frappe l'air. « Pour de vrai ? » hurle-t-il.

Les streams sont aussi connus pour leur enthousiasme. Modonis se sentait définitivement énergique en ce moment. Il avait l'impression que cela pouvait aussi être l'étrange aura que les Sunsets parvenaient à projeter autour d'eux. Il se sentait très heureux ! Ils avaient réussi à développer cette capacité, comme les autres tribus avaient développé la leur, pendant le cataclysme environnemental. Tant de gens avaient besoin d'être guéris des traumatismes émotionnels et physiques consécutifs à ces catastrophes. Les Sunsets croient en la capacité de l'homme à se guérir lui-même lorsqu'il est correctement connecté au cosmos. C'est une question d'énergie et leurs champs d'énergie magenta aident les gens à se rappeler où se trouve cette connexion afin qu'ils puissent la trouver eux-mêmes. Ils ont appris à s'y connecter en permanence, dans un état de flux. De ce fait, ils sont toujours calmes, ouverts et amicaux et rien ne semble les déranger. Mais le plus extraordinaire est leur capacité à se connecter à distance aux sentiments des autres. Ils peuvent ressentir des tremblements lorsque quelqu'un est en colère ou une sensation de chaleur et de flou lorsqu'ils pensent à lui de manière affectueuse. Grâce à cette connexion avec le cosmos, c'est comme s'ils étaient connectés ensemble pendant un instant. Fascinant !

Modonis a certainement senti l'énergie déferler dans son corps. Il n'était pas seulement remis de sa longue marche, il débordait littéralement d'enthousiasme pour affronter le monde.

« Je devrais venir ici plus souvent », dit-il en riant, « Je pourrais en prendre une dose tous les matins ».

« Eh bien, il suffit de se rappeler où se trouve la source », a souri un autre homme du cercle. « Dites-nous en plus sur votre rencontre, si vous le voulez bien ? »

« Il n'y a pas grand chose de plus à dire, la fille m'a demandé le chemin vers l'installation du Stream High Committee. Elle a dit qu'il y avait quelque chose d'important qu'elle devait leur dire. Je lui ai donné les indications et elles sont parties rapidement. Une petite fille aux cheveux roux, qui devait avoir environ 15 ans », a expliqué Modonis, réalisant soudain qu'elle était peut-être assez importante pour qu'ils lui accordent une audience après tout. Comment pouvait-il le savoir ?

« La Haute Commission Stream ? » confirma la belle dame. « Peut-être devrions-nous aussi nous y rendre au cas où notre aide serait nécessaire pour apaiser les tensions ? » demanda-t-elle en se tournant vers un autre membre de la tribu Sunset.

Les membres de la tribu Sunset se levèrent l'un après l'autre, prêts à aller soutenir les circonstances qui se préparaient. Ils n'avaient aucune crainte pour eux-mêmes. Le cœur ne connaît que le courage, disaient-ils à leurs jeunes, et c'est dans des moments comme celui-ci que c'était évident. C'était presque comme une évidence pour eux. Les Streams étaient courageux d'une manière différente. Leurs actions sont pleines d'enthousiasme et d'optimisme, comme s'ils pouvaient escalader n'importe quelle montagne et s'en donner à cœur joie !

« Je viens avec vous », dit fermement Modonis. « Je peux y retrouver mes amis. De toute façon, j'aurai assez d'énergie pour un mois quand nous arriverons là-bas ! ».

Modonis s'est approché de Sondar pour lui dire au revoir. Le garçon avait l'air un peu plus posé maintenant.

« Hé, petit gars », l'appela-t-il. « Tu es en sécurité maintenant. N'oublie pas toutes les choses que je t'ai apprises ! Je reviendrai vérifier que tu utilises les astuces pour aider d'autres personnes en difficulté, et qui sait, peut-être qu'un jour tu décideras de devenir un membre de la tribu Stream ! ». Modonis rit. « Le secret, c'est de ne jamais cesser de s'entraîner. On devient de mieux en mieux. » Le garçon se leva et leva sa main pour toucher les cinq doigts de Modonis. Ses yeux devinrent tristes.

« Tu es un sacré aventurier ! Nous nous reverrons, je te le promets », le rassura-t-il.

« Pas vraiment », dit le garçon, « J'aime juste être seul parfois. Il y a trop de monde ici. »

Alors qu'ils se touchaient les doigts, il a remarqué une fois de plus la clé attachée au poignet du garçon.

« C'est pour quoi faire ? » a-t-il demandé au garçon.

« Mon père me l'a laissée, je ne sais pas pourquoi », a-t-il répondu. « Liyla dit que cela montre que j'appartiens à un endroit, que c'est une clé magique qui ouvrira la porte de ma maison, quand je la trouverai. »

« Je vois, donc tu cherchais réellement ta maison ? » demanda Modonis.

« En quelque sorte », répondit le garçon.

« Tu ne te plais pas ici ? Les Sunsets sont très gentils non ? », demanda-t-il.

Le garçon haussa à nouveau les épaules. « Ils sont gentils mais ils ne sont pas comme moi », répondit-il, « Je ne me sens pas comme eux parfois ».

Modonis décida que c'était le bon moment pour lui remonter le moral. D'un geste du poignet, il créa une petite tornade d'air dans sa main. Il prit la main du garçon et la plaça au centre.

Elle tournait furieusement, captivant l'attention du garçon. Puis il se mit soudain à rire en fermant sa main pour essayer de l'attraper, mais elle continuait à tourner. A travers ses doigts, sur ses doigts, peu importe comment il essayait, il ne pouvait pas l'arrêter.

« Regarde au milieu », dit Modonis après avoir pris plaisir à observer le garçon pendant un moment. « C'est le silence au centre. Tu peux toujours le trouver quand tu te concentres dessus, même au milieu du chaos. Souviens-toi de ça. »

Sur ce, il a glissé la tornade dans la poche du garçon. Alors qu'il la cherchait, il s'est rendu compte qu'elle avait disparu dans l'air autour de lui. Modonis sourit, lui tapota joyeusement la tête et se mit en route. Ses amis l'attendaient.

3
La rencontre

Modonis a trouvé son ami, Krysol et sa petite amie, Syana, qui l'attendaient sur la terrasse et discutaient des derniers événements. Tout l'endroit était animé par le bourdonnement des rumeurs sur les événements de la Nouvelle Terre. Qui étaient ces gens de New Earth ? Comment ont-ils pu réussir à cacher pendant si longtemps des ressources dont personne n'était au courant ? Que faisait Dorzak avec eux ? Depuis combien de temps cela dure-t-il ? Autant de questions qui circulent et un courant d'excitation se répand sur les tables.

Alors qu'il s'approchait de leur table, un jeune homme plutôt costaud heurta l'épaule de Krysol sans s'excuser. Krysol l'a regardé avec insistance.

« Qu'est-ce que tu regardes ? » a demandé le jeune homme sévèrement.

« Une réplique de ton oncle sans doute », répondit Krysol sans même réfléchir, ayant reconnu le jeune homme comme étant le neveu de Dorzak, Olender.

La terrasse entière est devenue silencieuse alors que les uns après les autres, les gens ont réalisé l'identité d'Olender et se sont arrêtés, retenant leur souffle pour voir ce qui allait se passer ensuite.

En effet, le jeune homme trapu s'est violemment emparé de la veste de Krysol et a attiré son visage vers le sien. Le regardant dangereusement dans les yeux, il lui rétorque « oui, alors tu ferais mieux de surveiller tes arrières ».

Il le repousse avec force contre la chaise. Krysol s'est redressé furieusement mais il tremblait tellement de rage qu'il ne pouvait pas parler. Modonis plongea en direction de son ami pour le soutenir.

« Va jouer avec tes propres jouets, abruti », ajouta Modonis.

Les gens autour d'eux retenaient leur souffle en attendant de voir ce qui allait se passer ensuite. Olender se retourne pour faire face à Modonis. Ses yeux brillaient d'excitation à l'idée d'être défié, et il recourba plusieurs fois ses doigts pour les réchauffer. Les Streams qui les entouraient savaient ce que cela signifiait. Il était en train de réfléchir à l'élément à invoquer pour affronter Modonis. Le vent tourbillonna soudain autour de ses pieds et sur ses épaules, puis vers Modonis dans une énorme bourrasque, le poussant en arrière. La nourriture sur les tables autour d'eux s'envola dans les airs et les gens glapirent en évitant les morceaux de divers plats et boissons. Modonis s'est également mis en action. De petites étincelles jaillissent de ses mains.

« Tu n'oserais pas venir ici ! » se moque Olender.

« Tu ne vaudrais pas les conséquences », répondit Modonis avec arrogance, en appelant ses deux compagnons à le suivre. « Nous allons rester hors de votre portée », conclut Modonis. « Le jardin d'enfants n'est pas mon style », ajouta-t-il avec un sourire.

« Je ne dirais pas ça », ajoute Olender en riant et en regardant Syana.

Réalisant qu'elle avait été insultée, Syana a appelé le liquide des boissons sur les tables autour d'elle et l'a transformé en un cocktail aux couleurs de l'arc-en-ciel qu'elle a habilement projeté sur la chemise d'Olender. Il s'est retrouvé avec une énorme éclaboussure de taches multicolores, et il est resté debout en état de choc, trempé.

« Bien sûr », dit Syana, « et la peinture, c'est mon truc ! » ajoute-t-elle sarcastiquement en s'éloignant.

« Nous vous verrons au défi DynaFlow », leur dit Modonis.

Ils se dirigent vers le haut-commissariat de Stream tandis que Modonis les met au courant des événements de la matinée.

« Qu'est-ce qu'il a ce type ? » a demandé Krysol.

« Il a une puce sur l'épaule parce qu'il n'est pas aussi célèbre que son oncle », dit Modonis. « Je parie qu'il en sera amer toute sa vie. »

Syana était très silencieuse. Elle était encore furieuse à cause de tout ce fiasco. Qu'est-ce que tout le monde aurait pensé d'elle si tout cela avait été diffusé en direct sur le réseau social Visia ? Ses amis l'auraient tous appelée et elle aurait dû expliquer pourquoi Modonis n'avait pas pu se retenir. Et si elles pensaient qu'il abusait de son pouvoir et non Olender ? Les choses sont souvent mal interprétées sur les réseaux, il y a même des gens qui altèrent images et changent totalement ce qui s'est réellement passé ! Les Snows ont fait un excellent travail en s'assurant que tout le monde était connecté au réseau, dans toutes les langues du Reviathan, mais leur système de surveillance devait encore être affiné. Même avec les efforts de la tribu Sunset pour s'assurer que tout le monde utilise les réseaux avec gentillesse et inclusion, il y avait des erreurs d'interprétation ou des différences d'opinion. Lorsque la vérité éclate, il est parfois trop tard et Syana ne veut certainement pas en faire partie. Son image est importante pour elle et encore plus ce que ses amis pensent d'elle.

« De toute façon, nous avons de meilleures choses à penser », dit Modonis. « Je suppose que ce que les Sunsets disaient sur les factions est vrai. Qu'il commence à y avoir un fossé. On pouvait voir comment les gens commençaient à prendre parti sur la terrasse à l'instant. »

« Je n'ai jamais vu Olender aussi défensif que ça. C'est clair qu'il est sous l'influence de son oncle, » dit Krysol.

« Le défi DynaFlow est demain, que diriez-vous d'une autre série d'entraînement ? » encouragea Modonis en changeant de sujet. « Nous pouvons rester près du Haut Commissariat pour savoir ce qui se passe. Tu as apporté le bloc d'alimentation avec toi ? »

Krysol afficha un large sourire. « Bien sûr ! »

Bien sûr, en s'approchant, ils ont vu les Sunsets attendre calmement à l'entrée. Il y avait un énorme panneau holographique affichant le message « Fermé pour les Jeux DynaFlow ».

Tout s'est arrêté pour cette occasion mémorable. Tous les membres des tribus Stream de chaque campement seront là. Le plus grand public de l'année et, cette fois, nos trois amis seront au centre de la scène.

4
Le défi Dynaflow

Il ne reste que quelques minutes avant le début de la compétition. Syana se prépare avec détermination et visualise tous les moments qu'elle a réussis lors des différentes épreuves. Comme un athlète de haut niveau, elle revoit le moindre mouvement dans sa tête, ajustant sa posture et sa respiration en conséquence.

Modonis attendait patiemment, la regardant avec admiration. Sa précision le surprenait parfois. Il était bien plus une personne impulsive qui suivait son intuition pour ressentir le bon dosage lors de l'utilisation des éléments. Syana était très dévouée et avait toujours travaillé dur pour développer ses capacités. Au cours des années qu'il l'a connue, il l'a vue s'épanouir techniquement et physiquement avec une grande confiance en elle. Il était fier qu'ils soient ensemble. Cela faisait-il vraiment presque un an maintenant ? Le temps passe vite.

Tout le monde était aligné dans un immense cercle qui s'étendait sur tout le stade. Des centaines de Stream Youngers attendent avec impatience que les épreuves commencent. L'atmosphère était électrique. La quasi-totalité de la communauté Stream était réunie pour assister aux prouesses des Jeunes.

Premier défi Air : chaque jeune dispose d'une petite balle qu'il doit maintenir en l'air à une hauteur de 5 mètres exactement, sans le moindre mouvement vertical ou rotation. Ils devaient exercer en permanence la bonne pression. Des marqueurs laser permettaient de déterminer si les sphères bougeaient ne serait-ce que d'un millimètre en dehors de la limite autorisée. range autorisé.

Les chronomètres faisaient tic-tac sur les panneaux situés à l'autre bout du stade et les visages des concurrents défilaient les uns après les autres sur les écrans, chacun se concentrant farouchement sur son objectif. Il était important pour un Stream de démontrer sa capacité à gérer son pouvoir afin de bien l'exploiter et le diriger. Ces jeux étaient une démonstration publique de tout le dur travail qu'ils avaient consolidé au fil des ans pour affiner leurs dons et s'engager à utiliser ce pouvoir au profit des différentes communautés du Reviathan. Des parents fiers étaient assis de l'autre côté du stade et regardaient leurs jeunes montrer leur talent. Toutes leurs années de tutorat ont porté leurs fruits. Les Streams peuvent être assez directifs dans leur communication avec les gens mais c'est fondamentalement pour les aider à faire les choses de la bonne manière sans gaspiller d'énergie. Ils n'ont pas beaucoup de temps pour de longues explications, bien qu'il faille dire qu'ils adorent une bonne histoire, surtout lorsqu'il s'agit de réaliser quelque chose.

Petit à petit, les moniteurs laser signalent des mouvements et certains des Youngers prennent place, laissant leurs collègues passer à l'épreuve suivante. Le temps imparti de dix minutes est écoulé. La foule applaudit dans tout le stade et les jeunes font tourbillonner des confettis dans l'air, puis dans le groupe avec une précision remarquable. Des étincelles d'éclairs illuminent l'air au-dessus d'eux tandis que les parents honorent le passage de leur jeune au défi suivant.

Le deuxième défi est le feu : chaque jeune doit tenir une boule de feu dans la paume de sa main sans perdre la moindre intensité. Les moniteurs sont installés, tout le monde est prêt. Les lumières de l'immense panneau sont tamisées et seules les lumières de chacun des Jeunes restants restent dans le silence. C'est comme une immense veillée. Le cœur de Syana a fait un bond lorsqu'elle a senti l'énormité de l'endroit où elle se trouvait et de tous les courants rassemblés, mais elle s'est concentrée une fois de plus pour s'assurer que cela ne la décourageait pas. Les Streams aiment les défis et cela semblait renforcer sa détermination. Elle était là, devant tous les gens qu'elle aimait, à montrer ses capacités, tout ce qu'elle avait appris depuis sa plus tendre enfance. Une vague d'excitation et de fierté parcourt son corps lorsque l'alerte retentit pour annoncer la fin du défi. Petit à petit, les Jeunes sont éliminés de la compétition. Le troisième et dernier défi consiste à créer une turbine à eau qui tourne à la même vitesse pendant 5 minutes. Cela demande une concentration et une précision sans faille pour maintenir une force constante. Ni trop, ni trop peu.

En face de Syana, Modonis se prépare mentalement à atteindre son objectif : terminer dans les trois premiers. Il se voyait déjà clairement sur le podium et celui-ci n'était pas loin de sa portée. Seule une vingtaine de Streams sont encore debout à ce stade et le stade bourdonne d'excitation. Leurs visages continuent de clignoter sur les panneaux, leurs supporters les encouragent et les acclament depuis les coulisses. La détermination de chacun des candidats est évidente.

« Allez-y !» annonce l'animateur avec un sourire énigmatique. La foule entière a éclaté en cris de soutien. Les gens dansent et brandissent des représentations holographiques du membre de la tribu Stream qu'ils soutiennent. Les candidats doivent se concentrer encore plus sur la tâche à accomplir et essayer de ne pas se laisser distraire par toute cette excitation. Syana se sentait confiante alors qu'elle faisait tourner la turbine à eau et la soulevait pour la mettre en évidence. Elle tournait follement, puis se stabilisait à la bonne hauteur et à la bonne vitesse. Modonis aussi était absorbé par le moment, déterminé et confiant. Les 5 minutes semblent comme une éternité. Un, deux, cinq Streams étaient éliminés l'un après l'autre lorsque leurs turbines glissaient même légèrement. Il n'y avait aucune marge d'erreur, les juges étaient des Snows, précises dans leurs mesures et respectueuses des règles.

Au son de la cloche finale, il ne reste plus que quatre Streams dont Syana et Modonis. Ils rayonnent tous de fierté d'avoir réalisé leur rêve. Ils étaient là, debout devant des milliers de membres de la tribu Stream, remplis d'un immense sentiment de fierté. Tout leur entraînement avait porté ses fruits. Ils ont été guidés du centre du stade vers leurs zones de préparation pendant que les juges se préparaient pour une dernière épreuve qui déterminerait l'ordre final pour les places sur le podium. Qui sera le grand gagnant ? Les spectateurs discutent entre eux pour savoir qui va gagner.

Personne n'a remarqué que Syana a été accostée et escortée hors du stade par deux femmes Stream. Syana pensait qu'elles la ramenaient simplement à ses quartiers jusqu'à ce qu'elle ressente un sentiment de nausée alors que sa bouche et son nez étaient recouverts d'un tissu étrange à l'odeur âcre. Ses genoux se sont dérobés sous elle et la dernière chose qu'elle a sentie, c'est d'être rattrapée par plusieurs personnes alors qu'elle s'évanouissait.

Quelques minutes plus tard, les autres concurrents étaient de retour sur la scène centrale, seule Syana manquait à l'appel. Modonis fut surpris, mais il lui vint à l'esprit qu'elle était peut-être épuisée. De toute façon, il était trop absorbé par les dernières étapes de la compétition pour pouvoir se rendre dans ses quartiers pour savoir ce qu'elle faisait. Il ne comprenait pas son raisonnement parfois, elle faisait des choses qui lui semblaient étranges mais il était toujours sûr qu'elle savait ce qu'elle faisait. Après tout, elle était une personne si confiante. Il était sûr qu'elle lui expliquerait plus tard.

Les trois concurrents se font face. Les juges semblent également surpris de l'absence de Syana, mais à ce moment-là, ce n'est pas leur problème. Ils sont concentrés sur le bon déroulement du concours et la foule est bien trop excitée à l'idée de découvrir le gagnant pour s'inquiéter de la présence d'une personne en moins. Seuls les parents de Syana, assis au deuxième rang des spectateurs, scrutaient avidement tous les coins du vaste stade à la recherche d'un indice sur la localisation de leur fille. Ils sentaient clairement que quelque chose n'allait pas. Ce n'était pas du tout le genre de leur fille d'abandonner un défi comme celui-ci. Alors que les concurrents restants se préparaient à relever le défi final, ils se sont frayés un chemin à travers la bousculade vers l'entrée arrière du stade, vers les quartiers qui lui avaient été assignés.

Modonis les a aperçus alors qu'ils passaient. Il était plutôt soulagé qu'ils soient en route pour aller la voir. Au moins, il n'aurait pas à le faire lui-même. Il devrait abandonner la compétition. Elle comprendra qu'il n'abandonne pas, se dit-il.

Il s'est lancé dans le test final avec un enthousiasme incroyable. Si Syana n'était pas là, il gagnerait pour eux deux. La lumière a jailli et ils sont partis. Le défi ? Maintenir le courant d'énergie d'une « petite» charge d'éclairs entre leurs mains pendant 3 minutes. Ils devaient garder le même flux sans perdre de l'intensité. Comme un athlète très entraîné, Modonis s'est concentré une fois de plus sur la tâche qui l'attendait, faisant abstraction des mouvements de la foule et même de la question de savoir où se trouvait Syana, jusqu'à ce que, deux minutes plus tard, il aperçoive du coin de l'œil les parents de Syana sortir à nouveau du tunnel qui menait à l'arrière-scène. Toujours aucun signe de Syana !

D'un dernier coup de poignet, il fait passer l'éclair d'une main à l'autre pour un dernier rebond. C'était juste assez pour terminer le défi et avec cela, il a sauté de la scène et s'est dirigé vers les parents de Syana. Inquiets, ils lui expliquent qu'il n'y a aucun signe de Syana. Le choc a balayé le visage de Modonis au moment où les juges annonçaient son triomphe comme vainqueur du concours et son visage a été projeté sur tous les panneaux du stade. Des feux d'artifice holgraphiques illuminent l'arène et la musique commence à retentir de tous côtés. Au milieu de tout cet enthousiasme, Modonis scrute avec détermination son MessagePad. Il était toujours connecté à Syana. Il passait d'un écran à l'autre, d'un secteur à l'autre du campement dans une tentative désespérée de détecter sa présence quelque part ou de savoir comment et quand elle avait quitté le stade. Son propre connecteur a clignoté. Un seul point bleu dans le réseau. Celui de Syana était introuvable. La seule trace est qu'elle a quitté le bâtiment par la sortie Sud, puis plus rien, laissant un silence glacial qui parcourt l'échine de Modonis. Il a réalisé qu'elle n'était aperçu nulle part.

5
Opérations secrètes

Les trois personnages se sont précipités hors du stade, suivis de près par Krysol qui les observait depuis la ligne de touche. Leurs regards se sont croisés tandis que Modonis scrutait la zone à la recherche de signes de mouvement ou de lutte. Une fois de plus, il utilisa son MessagePad pour analyser différents éléments de preuve potentiels tels que des empreintes ou des marques sur le sol. L'impulsion est restée silencieuse, aucun signe. Ils se sont regardés avec consternation.

Puis une petite fille très maigre est sortie par une porte latérale dans le mur et leur a parlé doucement.

« Je les ai vus emporter quelque chose« , leur a-t-elle annoncé, l'air assez choqué. « Cela ressemblait à un corps dans une couverture noire. Je pouvais voir ses bottes qui pendaient sur le côté. »

« C'est ma fille que tu as vue », a répondu Zaran, le père de Syana. « Par où sont-ils partis ? »

La fille a désigné un long passage qui menait vers le centre du campement du Stream. « Je les ai entendus parler des égouts », a-t-elle ajouté.

« Syana porte un collier de météorite unique. C'est le seul métal de ce type ici dans le Reviathan. On l'extrait dans l'espace et on l'utilise pour produire de l'énergie. Je le lui ai donné il y a deux ans et elle ne l'enlève jamais. Peut-être pourrions-nous demander à un membre de la tribu des Snows ou des Étincelles de nous aider à le tracer ?« suggéra sa mère, Kamara.

Tout le monde l'a regardée intensément. « Oui, » répondit Krysol, « et je connais justement cette personne, Norona. »

« Je vais venir avec vous pour la retrouver », propose Kamara. Krysol acquiesce. « Nous restons liés », a-t-elle confirmé à Modonis et Zaran qui ont confirmé d'un toucher de leurs cinq doigts avant de se diriger vers le passage et de disparaître rapidement.

« Ok, c'est loin ? » demande Kamara en dépliant son Regster de son sac à dos.

« En fait, elle habite dans le bâtiment juste derrière celui-là », répondit Krysol en montrant la direction d'un bâtiment aux panneaux transparents, de conception récente et à la pointe de la technologie, qui s'élevait quatorze étages au-dessus d'eux.

Norona était un génie des médias. Elle savait tout ce qu'il y avait à savoir sur les réseaux, le trafic et la surveillance. Krysol était sûr qu'elle serait capable d'accéder à un système pour découvrir où ils avaient emmené Syana. Ce n'est pas comme s'ils étaient discrets ou quoi que ce soit.

Comme on pouvait s'y attendre de la part d'un expert en sécurité, il y avait huit étapes de reconnaissance pour entrer dans le bâtiment de Norona, sans parler de lui parler. Krysol les connaissait par cœur. C'était comme un jeu pour lui de se souvenir de chacune des étapes, même si cela l'agaçait vraiment que cela prenne autant de temps.

« Pourquoi ne pas avoir un seul code très complexe à casser, plutôt que huit d'entre eux ? » se dit-il une fois de plus, frustré. « Certaines personnes aiment la complexité au lieu d'être efficaces et d'aller droit au but ! » Surtout dans un moment comme celui-ci, ils n'avaient pas de temps à perdre. Krysol était déjà en train de scanner l'endroit où se trouvait Norona et essayait de se connecter avec elle. Mais elle était comme un fantôme. Elle savait brouiller tous les signaux. Il lui a envoyé un message avec les détails du matériau de la météorite.

Les entrées étaient comme des portails entrelacés comme des poupées russes. Chacun s'ouvrait dans une direction diagonale différente avec une précision laser. Il devait se souvenir de la traduction en langage lumineux des différents mots de passe et il faut dire que très peu de gens parlaient le langage lumineux ; il n'était révélé qu'à quelques Snows triées sur le volet qui avaient suffisamment de sagesse et de compréhension de son caractère sacré pour protéger sa traduction. Krysol, bien sûr, ne connaissait pas le langage lumineux et ne s'en souciait pas, il voulait voir Norona et si cela signifiait accéder à son réseau de contrôle, cela valait la peine de mémoriser les huit étapes.

Lorsque le dernier portail s'est ouvert, Norona était assise devant le panneau, scrutant chaque impulsion du réseau. C'était une jeune femme mince, bien qu'il faille dire que son apparence était plutôt androgyne. Elle portait une combinaison beige neutre avec seulement quelques poches auxquelles étaient attachés divers gadgets. Ils semblaient être des bandeaux ou des pointeurs pour contrôler les différents éléments de son vaste panneau de contrôle. Elle avait les yeux écarquillés comme un hibou, peut-être même un hibou qui n'avait pas dormi depuis un mois !

« Regardez, regardez, » dit-elle avec enthousiasme sans même se retourner !39 pour saluer ses invités, « Vous voyez ? C'est le résultat du défi ! Vous voyez comment tout cela se classe à travers les réseaux ? Je n'ai jamais vu autant de sauts et la vitesse à laquelle les ondulations interagissent, c'est phénoménal ! Ça a dû être une sensation ! »

Elle montra du doigt divers blips et flashs qui zappaient sur l'écran virtuel devant elle. Il s'agissait en fait d'une image holographique d'un écran, mais il semblait si réel, sauf lorsqu'elle le touchait. Sa main pouvait se déplacer à travers l'écran pour extraire le plus petit point de lumière qu'elle voulait analyser. Le gant qu'elle portait était l'un des plus fins scanners de sensibilité, reconnaissant la moindre onde lumineuse ou le moindre courant électro-magnétique qui passait à travers. Norona connaissait ces réseaux comme sa poche et avec l'attention qu'elle leur accordait, on aurait pu croire qu'ils étaient plus précieux pour elle que son propre système nerveux.

Elle les a certainement plus écoutés ! C'était une personne étrange, presque robotique, de la tribu des Snows. Parfois Krysol se demandait même si elle n'était pas vraiment un cyborg, surtout parce qu'elle semblait tout savoir sur tout. Connectée à toutes ces informations en réseau jour après jour, elle savait beaucoup de choses sur la façon dont la vie fonctionnait probablement, mais en réalité elle ne semblait jamais quitter cet espace pour s'engager dans ce que la vie est vraiment, interagir. C'était bizarre pour Krysol, car les Streams aiment l'action et l'excitation. Bien sûr, on peut voir ça sur un écran, mais il manque quelque chose de plus réel. L'émotion n'est pas la même. On ne ressent pas la même excitation en faisant quelque chose soi-même qu'en le regardant. Pourtant, toutes les tribus sont différentes et c'est une bonne chose. Il ne saurait pas par où commencer pour chercher Syana, alors il est reconnaissant d'avoir l'expertise de Norona sous la main.

Kamara et Krysol saluèrent tous deux Norona avec la touche habituelle des Reviathan du bout des cinq doigts.

« Salut mon ami, » dit Krysol chaleureusement.

« Je sais pourquoi tu es là », répondit Norona en sautant directement à la question, efficace comme toujours. Elle ne se souciait guère des petites conversations. « Je sais déjà où elle se trouve. Je les ai vus essayer de brouiller leur route avec un système X-rap, ce sont des amateurs ! Plus personne ne les utilise. Aucun respect pour Snow. C'est la mise à jour de la semaine dernière. Je parie qu'ils n'ont pas eu le temps d'installer la nouvelle fonctionnalité Hyperbole, mais c'est vraiment génial. Elle encercle les zones pour envoyer des rayons scram- bling au lieu des stroboscopes linéaires. C'est bien mieux pour couvrir de plus grandes zones du réseau. »

« Alors vous pouvez nous le dire ? » dit Kamara en s'interposant, « désolé je ne veux pas être impoli mais ma fille est probablement en réel danger. »

Norona a laissé échapper un grand soupir indigné. « Vous les Streams, si impatients, vous ne pouvez pas rester en place un instant. C'est un sujet important. L'intérieur est l'endroit où se trouve toute la puissance, un jour vous le réaliserez. »

Elle a regardé les impulsions dans le réseau et a dessiné un petit point vert de lumière. « Voilà, je l'ai épinglé, répondit-elle fièrement, et ils ne s'en doutent pas ! », se moqua-t-elle d'une manière étrangement cyborg.

Kamara sentit une énorme vague de soulagement l'envahir. Elle agita son MessagePad au-dessus de l'emplacement pour le récupérer et remercia Norona avec enthousiasme, promettant de revenir lui parler bientôt.

« Bien sûr », a répondu Norona d'un ton sarcastique, « je ne vais pas retenir mes charges pendant que je t'attends ». Elle savait qu'elle était simplement charmante et que les Streams pouvaient être impulsifs dans ce qu'ils disaient ou faisaient. Elle savait, cependant, que Kamara et Krysol étaient reconnaissants de son aide. Elle en était consciente et, comme toujours, elle était heureuse d'utiliser son expertise pour aider les autres à se sortir de leurs difficultés (et bien sûr, pour montrer tout ce qu'elle savait).

« On peut rester connectés ? » demanda Krysol alors qu'ils sortaient du même portail que celui où ils étaient entrés quelques minutes plus tôt.

« Bien sûr ! » répondit Norona avec sarcasme, presque choquée par une question aussi évidente. « Comme si c'était évident ! Où serais-je sinon ? » et elle se remit à scanner les vagues d'informations qui continuaient à affluer dans le système.

Krysol et Kamara sortirent du bâtiment aussi rapidement que les portails le leur permettaient, le système de géolocalisation leur indiquant la direction dans laquelle ils devaient poursuivre la pauvre Syana. Elle n'avait plus l'air de bouger. Est-ce une bonne ou une mauvaise chose ? Sa mère s'inquiète. L'alerte provenait du secteur principal des systèmes de stockage d'eau souterrains. Kamara a rapidement envoyé les coordonnées à Zaran, lui ordonnant de les y retrouver.

Tous deux ont détaché les Regsters de leur dos et ont sauté dessus en une fraction de seconde. Il y a eu un souffle retentissant alors qu'ils filaient vers la zone ouest du camp de l'encampment, l'endroit où sont stockées les réserves d'eau. L'eau étant l'élément le plus précieux sur Terre, elle est toujours très surveillée. Krysol a commencé à réfléchir à la façon dont ils allaient convaincre les Streams de les laisser entrer pour chercher Syana. Il sentait bien que sous le stress de la retrouver, il avait toutes sortes d'idées manipulatrices.

« On pourrait peut-être leur dire qu'elle est là en train de voler ? Ça les ferait bouger ! » pensa-t-il avec un sentiment de fierté d'avoir trouvé une méthode rapide et efficace. Pour un Stream, la façon dont les choses sont faites n'a pas beaucoup d'importance, mais le plus important est que le bon résultat soit atteint à la fin, et c'était le sauvetage de Syana. « Vous imaginez si on passe ne serait-ce que dix minutes à essayer de les persuader ? »

Pendant ce temps, Modonis et Zaran étaient également sur la piste de Syana. Des gens l'avaient vue se faire emmener. Imaginez l'audace de faire une chose pareille en plein jour ? Pour qui se prennent-ils ? Qui pourrait faire ça ?

« Syana avait-elle des ennemis ?« Zaran demande à Modonis « Je sais qu'elle a un fort caractère mais pour que quelqu'un fasse ça ? Qu'est-ce qu'elle aurait pu faire ?« Tous deux essayaient de trouver ce qui aurait pu déclencher ce genre de représailles.

Modonis réfléchit un moment, puis secoue la tête en faisant une grimace. Son esprit s'emballe en pensant à toutes les personnes qu'ils connaissent.

Juste à ce moment-là, une alerte est apparue sur son MessagePad. Elle a clignoté pendant qu'il la regardait, incrédule.

Zaran l'a regardé avec curiosité : « Qu'est-ce que c'est ? Tu ne vas pas le lire ? Peut-être que c'est de Syana », ajoute-t-il.

Modonis était encore en état de choc, il s'est arrêté net. Le message disait simplement « Arrête d'intervenir, la vie de Syana en dépend. N'essayez pas de la retrouver. Nous la laisserons partir lorsque nous aurons réussi nos opérations.

« Quelles opérations ? » demanda le père de Syana, « De quoi parlent-ils ? »
Il commençait à être très en colère et Modonis s'est soudainement senti très responsable de ce qui était arrivé à son amie.

« Cela doit être lié au garçon que j'ai trouvé ou à la fille que j'ai aidée sur le chemin du campement de Sunset, ou peut-être à l'altercation que nous avons eue avec Olender ? Je n'ai aucune idée de qui ils étaient, mais la fille parlait d'une prophétie, de l'établissement de dangereuses factions du Stream. Je ne l'ai pas vraiment crue, ça semblait bizarre. Tu sais comment les Snows se perdent dans tous ces détails parfois ? »

« On dirait que ces détails étaient importants », a interrompu Zaran avec un air d'autorité. « Que faisaient-ils ? Ils se mêlaient des affaires de qui ? »

« Le garçon avait probablement 7 ou 8 ans. Je ne suis pas sûr qu'il représente une grande menace ! » Modonis s'est mis à rire à moitié en oubliant la gravité de la situation pendant un instant. Il a remarqué que Zaran le regardait sévèrement alors il a toussé, s'est redressé et s'est concentré plus profondément.

« La fille, qui s'appelait Alandra, a mentionné le nom de Dorzak, mais pourquoi serait-il impliqué dans une dispute pour le pouvoir ? Il a déjà une tonne d'influence. C'était juste une jeune fille que j'ai aidé à trouver son chemin. Elle cherchait le Haut Comité des Streams. Je l'ai envoyée rencontrer Ryadon. Qu'est-ce que j'en savais, » ajouta-t-il, « je pensais qu'elle était peut-être folle. » Modonis commençait à être sur la défensive. Il se sentait attaqué par la façon dont Zaran le regardait. Comme il aurait dû penser à en parler plus tôt.

« Nous devons être forts pour elle », a dit Zaran après un moment, son regard s'adoucissant. « Il ne sert à rien que nous nous accusions les uns les autres. L'important, c'est sa sécurité. »

« La Snow est probablement avec Ryadon maintenant », a dit Modonis d'un ton encourageant, « que faisons-nous ? »

« Eh bien », a dit Zaran, « après ce message, il serait sage que vous ne vous approchiez pas de l'endroit où ils détiennent Syana puisqu'ils savent que vous êtes impliqué. Je vais y aller seul, tu vas chercher de l'aide auprès de Ryadon. »

Modonis acquiesça. Il savait que le père de Syana était un homme fort et que des renforts sous la forme de Krysol et Kamara seraient bientôt en route. Il réfléchit un instant. Si Alandra avait raison et qu'une guerre se préparait, alors peut-être ne seraient-ils pas de taille pour la faction qui détient Syana.

« J'espère pouvoir persuader Ryadon », a ajouté Modonis. Cette fois, Zaran a fait un signe de tête rassurant. « Tu y arriveras, il écoutera le nouveau champion du défi DynaFlow ! » conclut-il avec un sourire.

Modonis rayonna en se tournant pour partir en direction du centre du campement des Reviathan, vers la maison du comité. Tout son corps était à nouveau rempli d'un sentiment de fierté et d'enthousiasme et il était prêt à partir.

Zaran a continué seul à travers les passages sombres en direction du secteur de stockage de l'eau où Kamara l'avait dirigé. Il y est presque. Alors que Modonis était à quelques centaines de mètres, il a vu Krysol et Kamara voler au-dessus de lui, ce qui lui a procuré un énorme sentiment de soulagement. Il savait qu'ils allaient voir Zaran et se regrouper.

6
Le Haut Comité de Stream

Le haut comité du Stream était déjà réuni et s'engueulait bruyamment lorsque Modonis s'est approché du bâtiment principal. Des hologrammes ornés décoraient chaque côté du long chemin, un hommage aux origines du Stream qui proviennent de la sagesse de l'ancienne tribu Inca. Ils ont fédéré les différentes tribus du Pérou au nord du Chili dans les années 1500 pour créer une civilisation forte, tout comme les Streams ont facilité la fondation de Reviathan. Leurs monuments et leurs systèmes hydrauliques étaient remarquables pour leur époque. Les Streams avaient bien sûr appris d'eux. L'art de déplacer des blocs de pierre extrêmement lourds et autres sur plusieurs kilomètres pour les placer avec une précision telle que même une lame de rasoir ne pourrait pas passer entre eux.

Les hologrammes étaient ornés de représentations du monde tel que le voyaient les Incas : un condor, un puma et un serpent représentant les trois couches du dessus, de la terre et du dessous. Chacun était entouré d'anneaux lumineux de zigzags colorés, grandioses et luxueux, comme les Streams aimaient les choses. L'entrée était un immense arc suspendu par la seule énergie cinétique, maintenant l'équilibre parfait grâce à des champs magnétiques répulsifs. Un signe de la capacité de la tribu Stream à manipuler le flux des éléments de la Terre. Ils étaient imposants, mais encore plus significatif était la force du débat de l'intérieur. Modonis n'avait jamais entendu un tel niveau d'intensité entre les membres d'une des tribus Reviathan.

Les courants étaient connus pour leur franchise et il était clair que les opinions exprimées à l'intérieur de la grande salle ne concordaient pas. Modonis se tenait dans le hall d'entrée et observait les nombreuses personnes qui y étaient rassemblées. Dans un espace à l'avant, non loin de Ryadon, le Haut Commissaire, elle était là une fois de plus, Alandra. Sa chevelure rousse et sa posture assurée sont reconnaissables entre toutes. De temps en temps, elle se tourne vers un tableau holographique pour dessiner un symbole qui est traduit et affiché dans toute la salle. Elle expliquait clairement et fermement ce qu'il signifiait, puis laissait les membres de la tribu Stream tirer leurs propres conclusions.

Quelqu'un assis à droite de l'entrée a remarqué qu'il regardait le spectacle.

« Eh bien, si ce n'est pas le nouveau champion du DynaFlow Challenge », dit-il en applaudissant lentement.

Modonis se retourne pour voir Sketch qui le regarde droit dans les yeux. Il était assis nonchalamment au fond de la salle, observant de loin toute l'agitation. Il serait là si Alandra avait besoin de lui, mais elle se débrouillait plutôt bien, comme d'habitude.

Sketch haussa les épaules en riant, « elle se débrouille très bien », ajouta-t-il avec un large sourire.

Modonis se sentit quelque peu rassuré pendant une seconde puis se lança dans un récit spontané de la disparition de Syana. Le visage de Sketch devient plus sérieux. « Ryadon a l'air occupé pour le moment mais peut-être que le fait de savoir cela influencera le débat ? » a-t-il suggéré. « Nous devrons juste attirer leur attention d'une manière ou d'une autre. »

Sketch s'avança au milieu de la pièce et, levant les yeux vers l'atrium géant, il poussa le hurlement de loup le plus fort qu'il put rassembler.

Le silence s'est rapidement installé dans la salle. Tout le monde regardait Sketch comme s'il s'agissait d'un être extraterrestre qui venait de débarquer. Modonis saisit l'occasion de se placer à ses côtés pour annoncer l'enlèvement de Syana. « Elle peut vous sembler insignifiante, mais elle fait partie de cette tribu. Elle ne sert pas à être sacrifiée pour une quelconque division du pouvoir », a-t-il conclu.

« Personne ne divise le pouvoir, » fit Ryadon. « Du moins pas tant que je fais encore partie de ce comité. »

Il a regardé dans la salle pour attendre une quelconque réaction. Aucune ne s'est manifestée. Tout le monde attendait de savoir qui ils étaient et pourquoi ils avaient interrompu la séance.

« Nous débattons de ce qu'il faut faire au sujet de cette soi-disant mutinerie, » ajouta Ryadon. « Je suis heureux que vous vous soyez joints à nous pour partager cette information. Jusqu'à présent, nous n'avons que des ouï-dire. Alandra vient de nous expliquer ce que ce soi-disant « Livre des Prophéties » dit de tout cela, mais comme nous n'avons pas réellement le livre entre les mains, nous prenons un risque énorme en accusant Dorzak de quoi que ce soit à ce stade. Cela pourrait facilement être mal interprété comme un abus de pouvoir. En tant que Streams, nous n'abusons pas de l'utilisation de notre pouvoir, en particulier le comité. Où cela nous mènerait-il si nous commencions à faire cela ? »

Il a fait une pause pour l'effet. « Nous n'avons pas non plus de preuve solide que Dorzak a fait quoi que ce soit avec les sources d'eau de New Earther », a-t-il poursuivi. « C'est juste votre parole contre la sienne, et après tout, n'oublions pas que New Earth n'est pas sous notre juridiction. Nous ne pouvons pas agir là-bas. » Il regarda directement Sketch en parlant, ce qui mit Sketch très mal à l'aise et comme s'il se demandait presque si c'était même son problème.

« Alors qu'est-ce que vous allez faire ? » demande Alandra avec indignation. « Avec tout le respect que je vous dois, avez-vous l'intention de ne rien faire au cas où ce serait une fausse alerte ? »

« Jeune fille, nous allons gérer la situation comme nous l'entendons, le sarcasme ne convient pas à quelqu'un qui souhaite gagner de l'influence », a-t-il ajouté. « Maintenant, dites-nous ce que vous avez d'autre. »

« Rien », dit Alandra, déçue. « Je vous ai dit tout ce que je sais et tout ce que j'ai vu de mes propres yeux. J'ai décrit les avertissements du Livre sacré des prophéties, y compris ce qui arrivera à la tribu des Streams si vous choisissez de les ignorer. J'ai patiemment expliqué la traduction de chacun de ses principaux symbolismes afin que vous puissiez comprendre la force que Dorzak tente de créer. Comment elle va déchirer le coeur même de ce campement. Nous sommes ici pour assister à la première flambée de violence dans les territoires de la Nouvelle Terre et bien qu'ils ne soient pas les vôtres, ils abritent d'autres êtres humains qui ne peuvent être dissociés de notre propre effort de reconstruction. Ils méritent de vivre et de prospérer. Les Stars leur ont accordé la même justice qu'aux membres des tribus Reviathan. Pourquoi ne pas étendre votre capacité à les protéger, eux et tout le monde, de la tempête qui se prépare avant qu'il ne soit trop tard. Si le Livre a raison, nous ne pourrons que regretter de ne pas avoir agi. »

Le dernier mot d'Alandra a résonné dans la pièce alors que tout le monde se taisait à nouveau.

« Une action impulsive peut être aussi coûteuse que l'inaction », conclut Ryadon. « Le Haut Comité va se réunir pour décider. »

Alandra hocha respectueusement la tête et quitta la pièce, marchant entre les rangs des membres des tribus Stream rassemblés là. Il n'y avait rien d'autre à dire. Elle s'est assise sur les marches, levant les yeux au ciel comme si elle attendait un signe de soutien. Le vent soufflait dans ses cheveux, les lui envoyant dans les yeux. En les écartant d'un côté, elle a senti Sketch s'asseoir à côté d'elle sans dire un mot.

« Je te crois », annonça Modonis en arrivant derrière eux.

Mais les pensées d'Alandra étaient ailleurs. Elle commença comme toujours à calculer toutes les différentes probabilités de résultats à ce stade. Ils étaient arrivés jusqu'ici. Cela fermait sûrement certaines des possibilités. Ils devaient faire des progrès, ils le devaient.

« J'ai fait le profil de Ryadon, » dit Alandra, « il a réussi à entraîner son impulsivité au fil des ans, comme il l'a dit. Ses pensées étaient assez têtues. Je ne suis pas sûre qu'il veuille se faire dire quoi faire par une bande de jeunes. Il se disait d'éviter d'être acculé par nos histoires. »

Sketch voyait ce qu'elle faisait, essayer de résoudre les choses logiquement et tenta de la rassurer.

« Nous faisons du mieux que nous pouvons », a-t-il dit calmement. « Nous devons croire qu'ils feront ce qui est juste.« Modonis n'était pas aussi rassuré. « Et s'ils ne le font pas ? » demanda-t-il. « Qu'arriverait-il alors à Syana ? Je suis venu ici pour trouver de l'aide, pas pour l'abandonner. De toute façon, je vais trouver un moyen de l'aider. »

Modonis faisait les cent pas, se sentant plein d'énergie nerveuse.

« Ils veulent des preuves ? On va leur donner des preuves ! » lance-t-il. « C'est désastreux, nous ne pouvons pas attendre pendant qu'ils décident du sort de chacun ».

Alandra leva les yeux de ses calculs.

« As-tu une idée de l'endroit où Dorzak pourrait emmener l'eau ? » lui demanda-t-il.

« Nous les avons entendus mentionner le quartier Nord dans leurs transmissions, mais rien de précis », répondit-elle. « C'est trop vague », a-t-elle ajouté, « nous avons déjà essayé de le suivre sur les systèmes de flux. Il n'y a rien là. Ma mère est une spécialiste des radars. Elle a calculé qu'ils devraient le faire passer par le détroit d'Hevenar, ce qui représente une distance phénoménale. Ça n'a jamais été fait avant, même pas par un Stream. Et même s'ils le faisaient, ils seraient détectés. »

« A moins que Dorzak ait eu l'aide d'un Spark ? » Modonis a suggéré. « Et les marchands à la frontière ? Certains d'entre eux pourraient être disposés à échanger leurs compétences innovantes en échange d'une ressource si précieuse. J'ai entendu dire qu'ils ne révèlent jamais leurs sources de marchandise.«

« C'est ce que mon père pense aussi, » dit Alandra.

« Alors commençons par là ! Il doit bien être quelque part maintenant », s'enthousiasme Modonis. « S'ils le vendent déjà à la frontière, alors nous pourrons en acheter et le ramener pour l'analyser. Il serait évident qu'il vient de la Nouvelle Terre. »

« A moins que les Sparks n'éliminent toute trace d'éléments non identifiés », répliqua Alandra, coupant l'herbe sous le pied de Modonis avec son esprit clair.

« Que suggérez-vous d'autre ? » demanda-t-il, dépité.

Alandra soupire.

« J'ai dit tout ce que je pouvais dire ici. Quoi qu'ils décident de faire, cela ne dépend plus de moi », conclut-elle. « Nous sommes libres de partir et pour l'instant, je ne vois qu'un seul moyen de le faire. Si nous avions le Livre, ce serait peut-être différent. Dorzak a un net avantage pour l'instant. Nous devons persévérer pour révéler la vérité. Trouvons l'eau volée. »

7
La frontière nord

Le voyage vers la frontière nord semble durer une éternité. Comme tout voyage quand on est impatient d'arriver. Ce n'était pas de l'excitation que les trois hommes ressentaient, mais de l'appréhension. Ils savaient qu'ils allaient devoir progresser rapidement.

Modonis était épuisé. Il n'avait pas dormi depuis le défi de la nuit précédente en s'inquiétant pour Syana. Ils étaient presque à la frontière de la Nouvelle Terre où les mer- chants seraient rassemblés. Ils devaient être frais le matin quand les marchands se réuniraient afin d'attirer leur attention. Alors qu'ils s'arrêtaient pour installer le camp pour la nuit, Modonis se demandait où elle pourrait être en ce moment.

Les tentes auto-construites ont été montées en seulement deux minutes chrono. Les Streams étaient connus pour aimer le luxe, et le camping n'était certainement pas leur style, mais ces dernières versions de la série Comfort Ranger 4.5 n'étaient pas n'importe quelles vieilles tentes. Avec leur système de son surround, leurs panneaux solaires et leur éclairage, elles étaient tout simplement extraordinaires ! Le plancher contient un matelas à air comprimé intégré qui vous donne l'impression de dormir sur un nuage. Ce ne serait pas si difficile pour une ou deux nuits pensait Modonis et de toute façon, il était si fatigué qu'il aurait probablement pu dormir sous un arbre.

La tente avait un panneau transparent juste en travers du plafond, de sorte que le ciel nocturne étincelait au-dessus d'eux. Il réfléchissait à tout ce qui leur était arrivé au cours des deux derniers jours. Tout semblait être un tourbillon. Alors qu'il réfléchissait à ce que tout cela signifiait, les yeux de Modonis étaient lourds et il s'endormit rapidement.

Pendant la nuit, il s'est tourné et retourné en rêvant de lui au milieu du chaos. Il était dans un état de panique ne sachant pas quoi faire. C'était comme s'il ne savait pas de quel côté des factions du Stream il se trouvait. Il se voyait entouré de gloire et de révérence de la part des différentes tribus Reviathan. Il avait la gloire et la richesse. Il se voyait diriger des groupes de tribus Stream vers des terres qu'il n'avait jamais vues auparavant ou même imaginées. Des lieux étranges et mystérieux qui regorgeaient de ressources. Puis, en face de ces images, il voyait de nombreuses personnes asservies et en pleurs. Ils étaient victimes de la destruction et de l'autonomisation créées par les factions Stream. Le futur de Reviathan en était arrivé à un état de guerre pour le pouvoir sur les décisions et les ressources. Il a vu le visage de Syana se mêler à la foule et Krysol lui demander pourquoi il s'était impliqué dans les factions en premier lieu ? Il ne l'avait jamais regardé comme ça, d'un air si désapprobateur. Il voulait montrer à Krysol combien il était capable, comment il pouvait participer à la direction d'une grande nation.

Modonis s'est réveillé en sueur, plein d'émotion. Qu'est-ce que c'était ? Il était choqué que ces idées aient pu sortir de son cerveau. Est-ce que je ferais vraiment ça ? Est-ce que j'ai ça en moi ?

« Tu as tout en toi », dit Alandra avec douceur mais fermeté. Elle s'était réveillée et, observant depuis le coin opposé de la pièce, elle lisait ses pensées comme d'habitude. « Nous l'avons tous.

Après, nous faisons des choix. Nous sommes tous capables des pires blessures et des actes les plus gentils selon notre état d'esprit face à la vie. C'est pourquoi il est important de ne pas juger les autres. La tribu Star ne le sait que trop bien. C'est pourquoi ils sont des maîtres médiateurs. »

Modonis est encore plus déstabilisé. Non seulement il était toujours mal à l'aise avec ce qu'il avait rêvé, mais savoir qu'Alandra avait pu lire tout cela dans ses pensées était trop pour lui. Il retourna son sac de couchage et quitta précipitamment la tente pour se rafraîchir. Ils avaient campé près d'une petite rivière qui s'éloignait lentement vers la mer.

Il fit un geste léger dans l'air avec sa main droite pour soulever une petite quantité d'eau dans sa main en coupe. C'était un tel avantage de ne pas avoir à s'agenouiller pour faire de petites choses comme ça. C'est dans des moments comme celui-ci qu'il aimait être un Stream. Il s'aspergea vigoureusement le visage, espérant trouver un certain soulagement à l'expérience troublante qu'il venait de vivre. Il laissa son visage sécher doucement dans les rayons du soleil pendant quelques instants, puis ouvrit les yeux. Alors qu'il le faisait, un mouvement brusque a attiré son attention. Le museau d'une loutre émerge de la surface pour renifler l'air qui l'entoure. Sa tête entière émergea alors et elle regarda autour d'elle. Apercevant Modonis, elle décida de nager vers lui pour mieux le voir. Tout en gardant une distance de sécurité, il a plongé une fois de plus et est remonté à la surface. Ses grands yeux ronds ont regardé Modonis avec une curiosité sauvage. Puis il a fait un saut périlleux arrière et a tourné autour de lui, une, deux, trois fois plus vite qu'il ne le pouvait. En faisant cela, un tourbillon est apparu. L'eau a tourbillonné et les ondulations se sont répandues à travers la rivière jusqu'à ce qu'elles disparaissent. Alors que Modonis observait, amusé par les pitreries de la petite créature, il lui vint à l'esprit qu'elle essayait de lui dire quelque chose. Elle lui montrait comment nos actions créent des rides d'impact qui oscillent loin de nous pour toucher d'autres choses.

Même si elles semblent insignifiantes, elles peuvent avoir un impact important lorsqu'elles prennent de l'ampleur et se répandent. Les répercussions pourraient être importantes, tout comme dans son rêve. Avec cela, il a réalisé que c'était à lui de décider. Il n'a pas à avoir peur du résultat, car c'est lui qui choisit ses actions ! À ce moment précis, Modonis s'est engagé à s'assurer qu'il réfléchissait à la manière dont son comportement affecterait son environnement et les personnes qui l'entourent. C'est ce que signifie avoir une influence positive sur les autres.

Il remercie la loutre pour ce rappel utile et retourne à la tente. Alandra était occupée à graver des plans dans la terre sèche sous le regard de Sketch. Il était encore hors de sa zone de confort ici à Reviathan, alors qu'il connaissait les secrets de la moindre parcelle de terre sur Nouvelle Terre. Mais il n'allait pas laisser Alandra le voir. Il était trop fier alors il gardait ses pensées positives et écoutait attentivement ses explications. De toute façon, il avait appris suffisamment bien pour que cela la rende heureuse de se sentir compétente et de partager ce qu'elle savait avec d'autres personnes, alors il se dit qu'il lui rendait service.

Modonis les rejoignit discrètement, faisant sentir sa présence sans perturber le cours du discours d'Alandra.

« Si mes calculs sont corrects, et en effet les radars semblent confirmer mon analyse, alors l'eau a été filtrée hors des réserves de la Nouvelle Terre depuis ce point ici. Puis elle a dû être transportée d'une manière ou d'une autre en utilisant la plus haute forme de technologie Spark, combinée au savoir-faire Stream jusqu'à ce point ici. N'importe quel autre point et elle aurait été combinée avec l'eau de mer ou poussée à travers les terres de New Earth, la rendant toxique. Cela n'aurait pas de sens. Donc il me semble sur cette base qu'il est entré dans le Reviathan ici par le système de stockage sous-marin, comme mon père l'a suggéré. Ensuite, il aurait été transféré ici à la frontière en plus petites quantités pour éviter toute suspicion.« Alandra s'arrêta un instant pour s'assurer que tout le monde suivait.

« Je peux vous dire qu'il faudrait au moins huit Streams travaillant ensemble pour soulever ce volume d'eau. Ils ont dû être vus par quelqu'un. C'est une grande entreprise.« Modonis a ajouté d'un ton franc. « A moins qu'ils aient découvert un autre moyen de le faire, bien sûr. » Il ajouta en retirant son MessagePad.

« Hey Papa, » s'enthousiasme-t-il. « As-tu des nouvelles sur les in- novations en cours pour transporter nos réserves d'eau plus efficacement ? ».

A l'autre bout du réseau de communication, ils ont entendu « Bien sûr, il y a de nombreux tests en cours sur différentes technologies mais il y en a une qui montre un succès particulier. Elle a été validée par l'équipe de Sparks il y a environ un mois, donc on n'en est encore qu'au début. Elle fonctionne en séparant l'eau en deux éléments distincts, l'hydrogène et l'oxygène. Etant donné qu'ils sont tous deux beaucoup plus légers. Ces deux éléments sont envoyés sous forme de « courants d'air » et dirigés vers des stations de collecte dans le nouvel emplacement où ils sont à nouveau fondus en eau. Intelligent, n'est-ce pas ? Je ne sais pas pourquoi nous n'y avons pas pensé avant ! »

Le père de Modonis était rayonnant, cela se voyait à sa voix. « Pourquoi cette question ? » ajouta-t-il.

« Pas grand-chose, j'étais juste curieux », répondit Modonis.

« Félicitations pour avoir gagné le défi au passage, excellent résultat ! Ta mère et moi sommes très fiers », a-t-il ajouté. « Je t'ai laissé un hologramme mais tu ne l'as pas encore ouvert. Je suppose que tu es trop célèbre pour ton vieux père maintenant ! » a-t-il dit avec un grand rire. « N'oublie pas comment tu en es arrivé là », ajoute-t-il, « continue à t'entraîner. Ces compétences sont importantes pour ton avenir. Tu es un membre respecté de la communauté maintenant », a-t-il rappelé à Modonis. Il a commencé à être fier que sa propre famille sache certaines choses et soit assez influente après tout. Il avait toujours eu l'impression que leur travail n'était pas aussi important que celui des partenaires de Krysol, mais quelque chose en lui sentait que les choses s'équilibraient.

« Merci papa », a-t-il dit en fermant la ligne de communication, « tu es le meilleur ».

Il a regardé les autres et a haussé les épaules.

« Je suppose que Dorzak a accès à cette nouvelle technologie alors », a-t-il conclu.

« Ils l'ont littéralement fait sauter à travers le détroit d'Hevenar ? C'est quelque chose ! » s'enthousiasme Sketch.

« Les unités de compression ne peuvent pas être loin dans ce cas, même si les volumes sont plus petits, il y aurait moins de chances qu'ils soient pris en train de transférer des gaz ici, plutôt que de l'eau » ajouta Alandra. « Maintenant, qui serait capable d'abriter de telles installations sans être vu ? »

« Je suppose que nous pourrions demander aux Sparks dans le secteur 4 ? » a suggéré Modonis. « Il y a beaucoup de laboratoires de recherche par ici. »

« Discrètement ! » ajouta Alandra en les regardant tous les deux d'un air sévère. « Nous n'avons pas besoin de problèmes supplémentaires sur nos mains. »

La tente se referma d'un coup sec à ce moment-là. Sketch était déjà en action.

« Faisons-le ! » encourageait-il tout le monde. « Ce n'est pas ce que disent les Streams ? »

Il y avait de l'excitation dans l'air. Modonis, pour sa part, se sentait motivé par cela et prêt à partir. Les Streams étaient toujours prêts à l'action.

« Il était temps ! » dit-il en riant, « trop de paroles me donnent mal à la tête. »

La journée ne faisait que commencer, mais les marchands étaient déjà en place depuis au moins deux heures, s'assurant de ne manquer aucun voyageur (et donc client potentiel) qui aurait besoin d'un dernier article avant de se rendre sur les terrains désolés de la Nouvelle Terre. Ils appelaient avec enthousiasme chacun d'entre eux au passage, discutant avec eux et les encourageant au début de leur voyage. Les étincelles étaient naturellement comme ça, spontanées et taquines, elles aimaient entrer en contact avec toutes sortes de personnes.

Alandra a regardé chacun d'eux de haut en bas pendant qu'ils passaient, analysant chaque impulsion de pensée électro-magnétique. Elle nota tout ce qui était étrange chez chacun d'eux. C'était un groupe de personnages hauts en couleur, avec des multitudes de tatouages et des vêtements extravagants. Tout pour se distinguer des autres marchands. Leur gagne-pain en dépendait, mais ils aimaient aussi exprimer leur individualité de manière vibrante. Alandra a remarqué que l'un d'entre eux en particulier avait l'air bien embarrassé lorsqu'il a remarqué la présence d'une Snow dans les environs. Elle le regarda prendre un bloc-notes sur le support devant lui et partir brusquement derrière un bâtiment de stockage.

« Ce serait bien de trouver qui c'était ? » murmura Sketch mais Alandra était déjà sur le coup. Elle avait discrètement capturé une image de l'homme qu'elle s'affairait à transférer à son frère, Sionis, pour le tracer.

« Je suis sur le coup », répondit-il avec enthousiasme.

Alandra continua sur le chemin qu'ils empruntaient. Il mène à la place centrale. Il y avait toujours de nombreux Sparks réunis là, discutant des dernières nouvelles et découvertes.

Ellianon se tenait parmi une petite foule qui débattait avec animation. Il venait de rentrer d'un autre voyage dans les régions du nord-est de la Nouvelle Terre pour réapprovisionner les laboratoires locaux avec une bonne variété de minéraux. Ayant à nouveau fait des rencontres insolites avec un Enadon, une sorte d'oiseau-lézard qui n'apparaissait que rarement aux voyageurs, il partageait ses histoires avec enthousiasme.

Les trois hommes s'approchèrent tranquillement de lui, ne voulant pas intervenir dans un flux théâtral aussi passionné. Ellianon était un sacré conteur. Un membre du groupe remarqua leur apparition et s'avança pour les saluer, les cinq doigts levés.

« Bienvenue Jeunes gens, qu'est-ce qui vous amène dans le Secteur 4 ? » demanda-t-il chaleureusement.

Ellianon vint les rejoindre, curieux de connaître la raison de leur visite. Modonis était déjà impatient de partir. Cela lui semblait un peu tiré par les cheveux d'expliquer toute l'histoire, alors il se contenta de les adresser avec une demande très courte et directe.

« Nous cherchons un endroit où de l'eau pourrait être introduite clandestinement ici », annonça-t-il.

Son auditoire a été surpris par la franchise et le sérieux de ses paroles.

« Pouvons-nous demander pourquoi ? » répondit Ellianon avec la même curiosité. « Êtes-vous des contrebandiers à temps partiel ? » ajouta-t-il avec un large sourire. « L'eau est une affaire sérieuse de nos jours. »

« Nous en sommes conscients », répondit Alandra avec sarcasme.

Cela a fait rire Ellianon encore plus. « Alors mes amis intrépides, vous pourriez avoir besoin de l'aide de Yorrik. Il a le plus grand espace de stockage de tous les marchands ici. Combien prévoyez-vous de passer en contrebande ? » demanda-t-il avec curiosité.

« Oh, juste quelques milliers de gallons », répondit Alandra de manière très concrète.

Ellianon haussa les sourcils. « C'est vrai ? Je suppose que certains laboratoires peuvent avoir ce genre de capacités, mais j'imagine que vous voudriez éviter ce genre d'installations si elles ne sont pas honnêtes », ajouta-t-il avec un clin d'œil.

« Merci », répondit Alandra sèchement mais respectueusement. « Cela semble être un bon point de départ. »

Elle a ouvert son MessagePad et a commencé à scanner les réseaux à la recherche d'informations sur Yorrik. Etrangement, il y avait très peu d'informations disponibles. Alors, une fois de plus, elle a transféré ses coordonnées à Sionis pour une recherche plus approfondie. Après quelques secondes, le message lui est revenu : « Match ! C'est le même gars que tu as vu plus tôt ».

Sketch et Modonis se retournent vers elle comme pour dire « qu'est-ce qu'on attend ? ». Ils remercièrent le groupe de Sparks pour leur aide et commencèrent à retourner vers la frontière où se trouvaient les marchands. Ils n'avaient fait que quelques pas quand Ellianon a surgi devant eux.

« Vous feriez peut-être mieux d'aller dans cette direction », suggéra-t-il en désignant une entrée à l'arrière de la place principale. Les amis s'arrêtèrent. « Je ne suis pas sûr qu'il soit si excité de vous voir non plus, c'est un personnage assez, disons, excentrique ».

« Que recommandez-vous ? » demanda Alandra de manière factuelle. « Peut-être un peu de diplomatie ? » Ellianon sourit ironiquement. Les trois amis se regardèrent, puis Modonis fit un signe de tête à Ellianon. « Nous vous écoutons, mon ami », répondit-il.

« Je ne veux pas dire que vous êtes peut-être dépassés par les événements, mais vous avez peut-être besoin de l'aide de quelqu'un qui connaît bien Yorrik. Qui comprend peut-être ses motivations », raisonna Ellianon.

« C'est logique, » répondit Alandra, « continuez... »

« C'est un homme de parole mais c'est aussi un mercenaire, un esprit libre. S'il aime le son d'une affaire, il l'accepte. Il trouve et vend à peu près n'importe quoi comme ça. »

« Il va donc nous parler », conclut Sketch, « c'est tout ce dont nous avons besoin« . Ellianon les regarda tous d'un air perplexe. » Ça ne veut pas dire qu'il vous dira ce que vous cherchez. Vous ne pouvez pas simplement valser là-dedans et poser vos questions. «   L'expression de son visage changea pour devenir beaucoup plus sérieuse. « Ce qui est important, c'est ce que vous ressentez à propos de ce que vous faites, il peut le lire. Il est très sensible. Je peux vous aider. »

« Pourquoi tu ferais ça ? »   Alandra a demandé avec méfiance. « Nous ne te connaissons même pas. »

« Disons que j'aime l'aventure, la spontanéité mais je sais aussi reconnaître les ennuis quand je les sens », a-t-il répondu. « Je crois à la synchronicité et quand je croise le chemin de quelqu'un, comme ici, quelque chose me dit que nous avons quelque chose à faire ensemble. Qu'il s'agisse simplement d'une idée, d'une action ou même d'innover quelque chose, je suis prêt à le découvrir ! Je suis une Spark après tout ! Pour nous, la vie consiste à expérimenter, à prendre des risques, mais mon expérience m'a aussi appris que l'impulsivité n'est pas toujours idéale. Je me suis brûlé les doigts quelques fois, si je suis honnête, »   ajoute-t-il en inclinant la tête sur le côté, les sourcils levés, attendant une réponse de leur part.

« Alors nous vous sommes reconnaissants de votre collaboration », répondit Modonis en tendant ses cinq doigts. « Modonis, Stream du campement occidental, voici Alandra, membre de la tribu des Snows, et voici Sketch, c'est un New Earther ».

« Enchanté », répondit Ellianon avec une profonde et théâtrale révérence. « Et c'est un honneur de rencontrer enfin un New Earther, votre peuple est plus rare qu'un Enadon ! » dit-il en riant.

« C'est vrai, »   dit Sketch en riant « nous sommes bons pour vous éviter, mais cela devient plus difficile. Disons que c'est en partie pour cela que nous sommes ici. »

Intrigué, Ellianon leur proposa de s'asseoir un moment pour qu'il puisse en savoir plus sur leurs intentions. Ses visiteurs parlèrent librement de leur quête sentant qu'ils avaient trouvé un allié. Chacun d'entre eux avait un point de vue différent à ajouter, une raison différente d'être dans cet endroit, ici et maintenant. Sketch parce qu'il croyait à la préservation de son foyer de la persécution, parce qu'il en était venu à croire que la coopération avec le Reviathan était la seule façon d'avancer pour son peuple. Modonis s'inquiétait de la sécurité de Syana et de trouver la preuve que les sources d'eau étaient volées. Il sentait que l'avenir de la tribu Stream était en danger mais aussi l'honneur de sa famille qui avait passé des générations à préserver l'approvisionnement en eau et à s'assurer que son utilisation était équitable. Dorzak abuse de sa position de force et de ses capacités pour exploiter les autres. Il doit protéger sa tribu par tous les moyens possibles contre cette issue désastreuse. Alandra, quant à elle, s'inquiétait de savoir si la vérité sur les prophéties du Livre serait partagée, si tout le monde pourrait avoir accès aux informations sur ce qui se passait afin que le bon résultat puisse prévaloir. Elle a expliqué qu'elle avait fait la promesse à sa grand-mère de poursuivre son travail de traduction et de communication de l'héritage qui leur avait été légué. Quoi qu'il arrive, elle persévérera pour faire de son mieux.

Ellianon a été très ému par chacune de leurs histoires. Malgré leur âge, il pouvait voir leur bravoure et leur singularité. Il a su immédiatement qu'il avait pris la bonne décision en les aidant. Lui qui voyageait si souvent entre la Nouvelle Terre et le Reviathan, il était important pour lui que la paix règne entre les deux régions. Il pouvait voir la beauté de la Nouvelle Terre, son potentiel, même si elle semblait désolée et sans espoir pour tant d'autres personnes. Il admirait le travail des Seasons pour réhabiliter les terres. Pour lui, tout cela faisait partie d'un processus créatif beaucoup plus vaste que les innovations des Sparks pouvaient catalyser à leur niveau. Même s'il apparaissait parfois comme un vagabond aux yeux de beaucoup de gens, Ellianon était un visionnaire dans sa vision du monde. Il imaginait souvent un monde plus coloré où tant de vie pourrait émerger, où l'on vivrait chaque jour avec plaisir et enthousiasme.

« La place de Yorrik est à l'extérieur de la colonie », dit-il à ses nouveaux amis. « Je suggère que nous lui expliquions que je vous ai rencontré sur Nouvelle Terre et que vous avez conclu un marché avec Sketch pour qu'il vous mène à un nouveau réservoir de ressources. Que nous devons savoir comment et quand il peut stocker quoi que ce soit sans que les autres ne le découvrent. Que nous avons besoin de sa plus grande discrétion. Je jouerai le rôle d'intermédiaire, négociant entre vous pour le convaincre. Modonis, tu peux jouer le négociateur acharné. Sketch, tu peux être sceptique quant à ses capacités à tenir ses promesses, et Alandra, tu peux te concentrer sur la lecture de ses pensées pendant qu'il est distrait. Il ne te fera pas confiance, bien sûr. Il ne fait confiance à aucun Snow, alors mieux vaut ne pas trop parler. Nous dirons simplement que tu es l'interprète de Sketch. Qu'est-ce que tu en penses ? »

Alandra était déjà en train de calculer les probabilités d'un plan de ce genre. Elle leva les yeux de son processus de réflexion et hocha la tête. « Ça pourrait marcher », les rassura-t-elle, « 64% de chances », conclut-elle. Elle a tapoté sur son bloc-notes une fois de plus. « Cette probabilité augmenterait si nous avions une sorte de preuve que les ressources existent », a-t-elle suggéré avec confiance.

Quelques instants plus tard, elle reçut un message, cette fois de sa mère. Elle pouvait voir que tout le monde était impressionné lorsqu'elle fit apparaître des images des réservoirs d'eau souterrains et des images aériennes de la Nouvelle Terre qui étaient proches de la plantation Belnite que sa mère avait surveillée ces dernières semaines.

« Voilà, c'est parfait », s'est-elle enthousiasmée, fière d'elle. « Ça devrait être plus convaincant ! »

8
Yorrik

Alors qu'ils approchaient de sa zone de stockage, Yorrik était assis à son centre de contrôle, regardant les flashs d'informations pulser sur les réseaux, écoutant différents morceaux de musique, et regardant simultanément un vieux film sur un autre hologramme. Il aimait beaucoup de bruit et d'interaction dans son environnement. Il y avait quelque chose de troublant dans le silence pour lui. Il le rendait plus nerveux que tous les bourdonnements qui l'entouraient et qui auraient rapidement irrité un tribesperson saisonnier.

Il était penché en arrière, les pieds posés sur le bureau improvisé devant lui, fait de vieux conteneurs métalliques qui avaient l'air décidément bien rouillés. La pièce entière sentait la rouille et un étrange encens ancien. Ses yeux pétillent lorsqu'il voit arriver ses visiteurs. Bien sûr, ce n'était pas une surprise pour lui, il les suivait depuis leur arrivée devant la porte principale de sa résidence, mais il était curieux de savoir ce qu'ils voulaient. Il semblait être d'humeur enjouée.

Sa cape était enroulée sur son front et un de ses bras était couvert. Cela rendait Sketch assez nerveux d'imaginer qu'il pouvait cacher quelque chose en dessous et il se sentait...

Une certaine paranoïa commencer à bouillonner en lui. Ses yeux étaient fixés sur la cape.

Ellianon s'avança et s'inclina profondément et théâtralement à sa manière ostentatoire habituelle. Yorrik s'est mis à rire.

« Tu ne changes pas, Ellianon, toujours le showman ! », s'amusa-t-il, « je suis toujours surpris que ton pantalon ne se fende pas quand tu te penches si bas ! ».

« Je considère que c'est un signe que je suis encore jeune si je peux encore toucher mon pied sans que mon ventre ne me gêne », rigole Ellianon en retour.

« Ah mais mon cher Ellianon, tes yeux ont toujours été plus grands que ton ventre ! » provoqua Yorrik.

« Heureusement pour les marchands comme vous », répondit-il en inclinant la tête sur le côté en signe d'interrogation ludique. « Sinon, je ne t'apporterais jamais de nouvelles aubaines pour t'amuser ».

« Et donc vous m'avez apporté des trophées vivants cette fois-ci ? » demanda-t-il en riant à nouveau bruyamment et en regardant l'étrange groupe d'invités d'Ellianon.

« Il n'y a pas un grand marché pour les esclaves ces jours-ci, son so has been, » ajouta-t-il sarcastiquement mais attendant qu'Ellianon explique ce qu'ils faisaient là.

« Je vous ai apporté un échange, pas des marchandises cette fois », a précisé Ellianon, sa voix devenant légèrement plus sérieuse. « Ce sont des amis que j'ai rencontrés au carrefour entre Melrip et Avenor, dans les régions du nord-est de la Nouvelle Terre. »

« Une Snow, un Stream et une.... Je suppose qu'il s'agit d'un Néo-Terrien ? », ajouta-t-il.

« Toujours aussi perspicace Yorrik ! » Ellianon se mit à rire. « En effet. Ce jeune homme est la clé d'un tout nouveau trésor de commerce de sources. »

Sketch leva les yeux de sa cape et grimaça sournoisement, se sentant plus à l'aise avec le fait qu'Ellianon gère bien les choses et qu'il tombe dans son rôle de contrebandier de l'eau avec beaucoup de facilité.

« Intéressant, dis-m'en plus », encouragea Yorrik, se penchant sur la conversation avec la cupidité qui scintillait dans ses yeux.

« La tribu des Snows est son interprète ; le Stream est son, disons, l'homme qui fait avancer les choses, et je suis bien sûr maintenant son agent. » Ellianon sourit largement.

« Trop d'intermédiaires compliquent une affaire », a suggéré Yorrik.

« Nous pouvons aller ailleurs si c'est trop complexe pour vous », a taquiné Ellianon. Yorrik n'était pas amusé et en hochant la tête, il devint lui-même plus sérieux.

Ellianon fit un signe de tête à Alandra qui s'avança, ouvrant son système de communication pour afficher des images des régions et des réserves d'eau sous forme holographique. Elle les feuilleta une par une jusqu'à ce qu'Ellianon lui indique d'arrêter et de retourner dans les rangs.

« Vous cherchez peut-être du stockage ? » demanda Yorrik.

« Certainement, » répondit Ellianon, « il a besoin d'un bon foyer, quelqu'un qui en prendra soin, et peut-être même qui le distribuera ? J'ai entendu dire que vous avez les meilleures installations du secteur. Nous avons 3000 gallons à déplacer pour être exact. »

« Vous êtes bien informé mon ami », a déclaré Yorrik, « mais je suis un homme occupé. Les installations ne seront disponibles que dans trois semaines. »

« Je vois que je suis venu au bon endroit« , l'encouragea Ellianon. « Comment cela fonctionnerait-il ? »

Yorrik secoue la tête. « D'abord, nous convenons d'une part des recettes », dit-il en marquant une pause.

« Cela dépendrait du service que vous pouvez nous fournir », dit Ellianon en restant assez théâtral.

« Le stockage et la distribution sont deux jeux très différents, chacun avec ses propres risques », dit Yorrik d'un ton hautain. « L'eau est une chose rare de nos jours ici à la frontière. Les comités des cours d'eau contrôlent 95 % du débit. Cela peut prendre un certain temps pour la vendre aux importateurs ou aux migrants à la frontière sans éveiller les soupçons. »

« Hmmm, peut-être devrions-nous diviser le volume entre un certain nombre de marchands dans ce cas », dit Ellianon en testant le scénario de Yorrik.

Yorrik s'est déplacé maladroitement sur sa chaise. « Je suis la référence par ici. Personne n'a mes capacités à déplacer des marchandises. Vous pouvez essayer si vous voulez mais ils risquent même de parler. Ils sont faibles. »

« C'est peut-être vrai », admit Ellianon, « mais si vous avez trop de stock parce que vous stockez pour trop de personnes en même temps, peut-être que vous créerez trop de risques pour nous. » Il Il marque une pause. « Nous sommes prêts à vous donner 5 %. »

« Huit », répondit fermement Yorrik, « et je vous garantis qu'il sera déplacé dans les deux semaines. »

Ellianon a regardé le reste du groupe. Certains se demandaient ce qui allait se passer ensuite. Ils n'avaient toujours pas la preuve dont ils avaient besoin.

« Comment pouvons-nous être sûrs ? » demanda Modonis. « Quand je déplace des choses, je n'aime pas avoir à le faire deux fois. Montre-nous ton entrepôt. »

« Je ne peux pas faire ça mon ami impatient, » répondit Yorrik. « Je t'ai dit que c'était occupé. »

« J'ai besoin de savoir où livrer », a dit Modonis de manière pratique.

« Alors ça veut dire que nous avons un accord ? » Yorrik a dit en regardant chacun d'entre eux tour à tour.

Ils ont tous hoché la tête.

« Le poste de livraison est à 4,5 kilomètres au nord-est. Il y a une crique là-bas. Je vous y retrouverai dans 20 jours à l'aube. Ne soyez pas en retard. »

Il ouvrit un hologramme de l'entrée, permettant à Alandra d'enregistrer les coordonnées avec son MessagePad.

« Réparons cela avec un verre de bière d'Arger », suggéra Yorrik en se levant avec enthousiasme. « J'aime traiter mes clients comme de bonnes relations ».

Son rire résonna alors qu'il quittait la pièce pour en rassembler suffisamment pour tout le monde. Le groupe s'est regardé et Ellianon a fait signe que c'était le moment de sortir. L'un après l'autre, ils sont partis furtivement.

Le temps que Yorrik retourne à son siège, le groupe était parti. Ils ont laissé un message holographique indiquant qu'ils le contacteraient à nouveau avant la livraison.

Les alliés se précipitent à nouveau vers la place principale. Alandra ouvrit son MessagePad pour suivre l'emplacement qui leur avait été donné. Au moins, ils savaient maintenant où l'eau piratée était transportée.

Les amis ont avancé le long des chaussées centrales du campement du Sec- tor 4, en sortant de l'autre côté, vers l'endroit qui leur avait été indiqué. Personne ne s'est demandé si c'était une bonne idée d'y aller immédiatement. Ils sentaient qu'ils n'avaient pas le choix. Pas de temps à perdre en discussions. En s'approchant de la sortie, ils ont pris leurs Regsters dans leurs sacs et se sont mis à zoomer dessus en un rien de temps. Modonis menait le groupe, Alandra n'étant pas loin derrière pour donner des indications. Sketch avait toujours du mal à trouver son équilibre à l'arrière du groupe. De temps en temps, il poussait un cri de panique, « woah » , alors qu'il manquait de tomber. Voler n'est vraiment pas son truc ! Après tout, il était habitué à courir de nombreux kilomètres pour transmettre des messages entre les villages de la Nouvelle Terre. Il n'y avait aucun de ces étranges engins là d'où il venait. Franchement, il préférait courir à tout moment.

Modonis n'a pas pu s'empêcher de crier des blagues dans sa direction. « Attention, tu pourrais heurter un oiseau qui arrive si tu continues comme ça. Ils seront curieux de voir quel autre oiseau peut s'agiter de façon aussi inélégante ! » Sketch a soufflé. Cela ne l'amusait pas. Ellianon, quant à lui, scrutait le littoral à la recherche de tout signe de vie.

Alors qu'ils se rapprochaient de l'endroit, ils ne voyaient toujours aucun signe de mouvement, ou d'un dépôt quelconque. Il devait être extrêmement bien camouflé sous terre. Alors qu'ils ralentissaient, le groupe s'est regardé les uns les autres pour trouver un peu de réconfort. Rien n'était prévu. Quelque chose en eux pouvait sentir le fort sentiment d'appréhension qui les entourait tous.

En un clin d'œil, deux, trois, quatre membres de la tribu des Streams leur ont barré la route.

« Que faites-vous ici ? » a demandé l'un d'eux. Un homme grand et bien bâti avec des marques violettes sur le côté de son visage. Puis Alandra le vit, le symbole du livre des Prophéties, celui que la nonne lui avait mentionné : un cercle avec un arbre à l'intérieur. C'était le signe de la faction de Dorzak. Cela n'aurait pas dû la surprendre puisque, qui d'autre traînerait dans cet endroit reculé ? Mais le fait de le voir pour la première fois l'a choquée, lui donnant des frissons dans le dos. Cela rendait tout ce que le livre disait très réel une fois de plus et cela lui traversait l'esprit.

« Nous sommes ici pour un pique-nique, comme vous, je suppose », dit Modonis avec un grand sourire, attendant qu'ils justifient ce qu'ils font maintenant.

« Drôle de type », dit le Stream à l'avant du groupe.

Les autres membres de la tribu se sont dispersés pour essayer de les encercler.

« Je ne penserais pas à m'installer par ici si j'étais vous », dit le même homme. « Trop d'insectes à cette période de l'année. De vilaines piqûres, vous comprenez ? »

Alandra, qui était maintenant très concentrée, a dressé le profil de chacun d'entre eux. Leur esprit était habité par la crainte de découvrir les réserves d'eau. Ils se préparaient également à une confrontation. Elle voyait de l'agressivité et une détermination à protéger la zone à n'importe quel prix. Il était clair que Yorrik les avait prévenus qu'ils pourraient se montrer.

« Et ne laisse pas ton ami Snow ici présent s'immiscer dans les pensées des autres maintenant », ajouta-t-il brusquement en apercevant Alandra se concentrer. « Ce ne serait bon pour les affaires de personne, n'est-ce pas ? »

Elle est sortie de ses visions, mais elle en avait vu assez pour savoir qu'ils ne discuteraient pas longtemps s'ils restaient là. Les courants sont généralement assez directs et moins enclins à avoir peur de la confrontation et de l'action. Elle fit signe à Ellianon de se retirer.

Au lieu de cela, Ellianon prit rapidement à droite sur son Regster en se dirigeant vers le bord de la côte. C'était un cavalier habile. L'un des hommes a filé après lui, lançant une boule de vent dans sa direction.

Le groupe s'est retiré pour élaborer un plan. Peut-être que maintenant Ryadon viendrait au moins enquêter ? Ils n'auraient sûrement pas le temps de déplacer les provisions sans être vus. Alandra se connecta à son MessagePad.

« Sionis ? Où est Ryadon ? » appela Alandra.

Quelques instants plus tard, la réponse arriva « il est toujours avec le Comité, ils se sont réunis dans les chambres occidentales selon mes sources« .

« Et Dorzak ? » demanda Alandra.

« Dans le secteur Ouest. On dirait qu'il prépare quelque chose pendant que nous parlons..... » Sionis répondit gravement.

« Et maintenant ? » demanda Modonis. « Il est temps de partir ! Direction le Haut Commissariat.«

9
Libérer Syana

« On ne peut pas entrer comme ça », dit Kamara en louchant sur l'entrée du centre de stockage d'eau, « ça pourrait la mettre en danger ».

« Que suggères-tu ? » demande Krysol en les regardant tous les deux.

« Je connais ces canaux d'eau par cœur », a répondu Zaran, « nous pouvons sûrement y accéder par le système de navigation ».

« Et puis quoi ? » Kamara a demandé, « nous n'avons pas d'armes et de toute façon les Streams n'utilisent pas la force comme moyen de persuasion. Peut-être pouvons-nous les amadouer en utilisant leurs propres réserves d'eau ? »

« Créer une fuite dans le système ? » demande Krysol. « L'eau est précieuse, on ne peut pas la gaspiller. »

« Rien ne vaut une vie », répondit Kamara, « nous n'avons aucune idée de ce qu'ils ont l'intention de lui faire. Nous ne pouvons pas nous permettre de faire des erreurs. »

« Peut-être devrions-nous attendre l'intervention du Haut Comité ? » suggéra Krysol.

« Je m'attends à ce qu'ils débattent encore ! » a dit Zaran, « et ce ne serait pas la première fois qu'ils décident de couper nos pertes pour le bien de tous en laissant quelqu'un se débrouiller tout seul. Peut-être que parfois ça vaut le coup, mais pas quand il s'agit de ma fille, sur mon cadavre ! »

« Vous avez raison », encourage Kamara, « ils le feraient, n'est-ce pas ? Si cela signifie obtenir la solution dont ils ont besoin. »

« Alors nous n'avons pas le choix », a dit solennellement Krysol.

« Je suis d'accord », a dit Zaran.

Kamara a hoché la tête.

« Norona, montre-nous le système interne de canaux d'eau », a demandé Krysol, « et peux-tu nous signaler où se trouve Syana ? »

Le plan s'est affiché en 3D sur le MessagePad de Krysol comme des circuits dans un ordinateur. Une réplique miniature de l'installation d'eau. Chaque porte, passage et réservoir d'eau était détaillé à une fraction de millimètre près. Des scanners partout.

« Sauf l'entrée ouest », a cligné Zaran, « elle ne figure sur aucune des cartes officielles. Mais il faudra la forcer, car c'est une issue de secours condamnée. »

Un point de lumière jaune s'est alors allumé, quelque part dans le coin le plus à droite. Ils l'ont tous regardé pendant une fraction de seconde, personne n'a parlé. Elle était là, Syana.

« Soyons forts pour elle », a insisté Zaran, donnant le signal pour avancer.

Ils se sont dirigés discrètement et furtivement vers le coin ouest. Leurs cœurs battaient vite à l'idée du danger qui les attendait. Les courants aimant le défi et l'excitation, ils parvenaient à rester concentrés malgré toute cette émotion.

Zaran s'est arrêté devant un large panneau dans le mur, indiquant que l'entrée se trouvait là. Kamara s'est avancée pour tâter le terrain. Elle était très sensible et pouvait dire s'il y avait la moindre différence de température, ou de pression de l'air. Elle leva les mains et dessina des marques légères dans l'air, exactement au bon endroit pour indiquer l'entrée du portail.

« Quel élément ? » a-t-elle chuchoté à Zaran.

Il a levé ses mains vers les siennes et a commencé à fouetter une mini tornade que Kamara puis Krysol ont rejoint. Elle devenait de plus en plus forte, sifflant en tournant. Les trois tribus ont concentré toute leur puissance sur la zone de la porte du portail et ont regardé, le souffle coupé, l'air se frayer un chemin en silence autour de l'entrée cachée. Dès que la lumière a percé, ils ont coordonné tous leurs efforts pour créer la force opposée du vide et en un éclair, ils ont aspiré la porte loin du bâtiment. Avec une précision phénoménale, ils la firent tourner ensemble pour la placer délicatement sur le côté afin de révéler le passage intérieur. La lumière rayonnait de l'intérieur à travers les passages en panneaux transparents. Tout était exposé pour permettre aux membres de la tribu Stream de pouvoir voir et gérer au mieux les flux des réserves d'eau.

« Norona ? »   Krysol a envoyé un message. « Combien sont-ils ? Où sont-ils positionnés maintenant ? Sont-ils toujours dans le coin le plus à droite ? »

« Ils ne bougent pas, allez-y, le passage est libre. Ils sont quatre, dont Syana », répond Norona par message. « Il y a deux autres personnes dans les passages inférieurs du bâtiment ».

« Ils doivent être avec les provisions », a chuchoté Zaran. « C'est par là qu'arrive l'afflux en provenance des canaux extérieurs ».

« Allons d'abord chercher Syana », a dit Kamara.

Zaran et Krysol ont acquiescé et se sont immédiatement lancés dans le passage. La lumière scintillait à la surface des bassins de réserves d'eau de part et d'autre d'eux. Comme l'or, l'eau était certainement la ressource la plus précieuse dont disposait le Reviathan. Une grande partie de la surface du monde avait été inondée par la montée du niveau de la mer, qui avait été contaminée par tant de déchets humains. Il restait peu de réserves d'eau naturellement pure. Ces installations de stockage représentaient la ligne de vie de Reviathan. Vingt-quatre heures sur vingt-quatre, le système extrayait l'hydrogène de l'eau de mer pour créer des réserves d'eau pure et d'hydrogène gazeux, en extrayant également le sel et tout autre déchet toxique qui aurait pu entrer dans sa composition suite au cataclysme environnemental. C'était un nouveau composé de pointe conçu avec l'aide des innovateurs des Sparks. Ils ont reproduit les capacités naturelles des Sparks à séparer les molécules d'hydrogène et d'oxygène afin de créer des réservoirs d'hydrogène gazeux qui ont été utilisés pour créer des sources d'énergie propres. L'hydrogène n'étant pas présent sous forme de réservoirs naturels à la surface de la Terre, il doit être extrait de l'eau. Il n'existait que deux installations de ce type. Il incombait aux Streams de veiller à ce que la distribution des ressources soit équitable et efficace et, à ce titre, très peu de personnes avaient accès à ces installations.

Le groupe a avancé avec Zaran en tête. Ils se sont préparés à l'affrontement.

« 230 mètres devant », un autre message de Norona. « Olender est là », dit soudain un autre message.

« J'aurais dû m'en douter », a dit Krysol.

« Qu'est-ce qu'on utilise ? » demanda Kamara. « On n'a que de l'eau, de l'air ou de la terre ici. Si on apporte de la terre, on risque de mettre l'installation en danger. »

« Notre seule option est l'air », a répondu Zaran.

Puis, comme une illumination, Kamara a réalisé qu'ils pourraient utiliser l'hydrogène pour créer une diversion. Un petit coup de force, mais qui devrait être éloigné des réservoirs. Tous trois ont rapidement analysé leurs options pour déterminer la direction dans laquelle ils devraient s'approcher.

« Le système de compression ne résistera peut-être pas à la déviation », a rappelé Kamara à Zaran.

« Nous devons avoir confiance que cela n'arrivera pas », a répondu Zaran. « Nous ne voulons pas augmenter la probabilité d'un tel résultat, nous devons être confiants que tout va bien se passer. C'est la seule issue sur laquelle nous devons nous concentrer, sinon nous faussons le champ des possibles. Restez positif. »

Kamara a hoché la tête.

« Prêts ? » Zaran a fait un signe de tête à tous les deux.

« Allez-y », a répondu Kysol.

Furtivement, le groupe a avancé vers la zone cible. Deux cents mètres, cent cinquante mètres, quatre-vingt-dix mètres ....

Le bloc-notes s'est ouvert avec un autre message de Norona. Il a simplement clignoté avec un seul point pendant plusieurs secondes, puis une série de mots froids est apparue.

« Je n'ai aucun signe d'elle, je pense qu'elle est partie.... Je pense qu'ils pourraient avoir.... Je n'arrive pas à saisir ses données vitales. Elle ne respire pas. Je peux voir les autres mais il n'y a aucun signe de Syana. »

« Comment est-ce possible ? » Krysol a répondu. « Ils ne pouvaient pas savoir qu'on était là. Tu as brouillé leurs radars, n'est-ce pas ? »

De nouveau le silence a envahi l'air, puis un seul point, un autre point.....

« Oui, je ne sais pas... » Norona a admis « Je ne reçois rien. »

Kamara s'est effondrée sur le sol, en détresse, à la pensée de Syana. Elle s'est soudainement sentie engourdie et étourdie, perturbée par cette nouvelle choquante. En un instant, la couleur a disparu de son visage et ses yeux sont devenus vitreux. Son esprit s'emballe alors qu'elle voit des flash-back de Syana bébé, puis enfant, courant sur la place centrale. La dernière fois qu'elle l'avait vue, c'était lorsqu'elle était entrée dans l'arène pour le Défi DynaFlow. Elle l'avait embrassée affectueusement sur le front et lui avait dit combien elle était fière d'elle. Elle avait grandi si vite, elle était même plus grande que sa mère à l'âge de 13 ans. Elle avait veillé sur elle alors qu'elle expérimentait et équilibrait ses pouvoirs jusqu'à ce jour. Cela ne pouvait pas être le dernier, ce n'était pas possible. Cette pensée était trop dévastatrice et elle l'a retournée dans sa tête jusqu'à ce qu'elle ne puisse plus penser correctement. Puis, comme si son instinct de survie avait pris le dessus, elle s'est redressée et s'est tournée vers les autres, comme pour leur dire que ça ne se passerait pas comme ça.

« On y va, exhorte Zaran, on ne peut pas attendre que Norona retrouve sa trace. Est-ce qu'on a eu des nouvelles de Modonis ? Où est le Comité ? »

Il a regardé Krysol d'un air sévère.

« Oui », dit Krysol en prenant une grande inspiration. « Le Comité a dit qu'il n'interviendrait pas avant d'en savoir plus. Pas d'usage de la force sans une raison indéniable. »

« Lâches ! » a soufflé Zaran avec impertinence. « Quelle sorte de preuve veulent-ils ? S'ils laissent ma fille souffrir, je jure de contaminer les réserves d'eau de tout le Reviathan. Ils n'entendront pas la fin de cette histoire. » Et sur ce, il courut vers la zone cible en appelant une vaste force d'air. Kamara et Krysol suivaient derrière eux, faisant également appel aux éléments d'air environnants, prêts à affronter les kidnappeurs.

Ils ont franchi la porte du portail pour se retrouver face à une barricade de vent opposée. Olender et ses deux tribus Stream les attendaient. Ils avaient bloqué le passage avec leur force combinée. Zaran a poussé en avant mais ses adversaires ont créé des tourbillons de tornades pour l'envelopper et le tirer vers le sol. Krysol et Kamara ont envoyé de fortes impulsions d'air vers chacun d'eux pour les repousser. Zaran a levé son bras droit vers le ciel, s'apprêtant à appeler l'hydrogène du conteneur voisin.

Puis, en une fraction de seconde, Olender et les autres membres de la faction ont disparu, comme s'ils avaient été aspirés par l'un des portails temporels des Stars. Zaran, Krysol et Kamara se sont regardés avec stupéfaction. Ils n'avaient jamais rien vu de tel. Seules les Stars pouvaient faire des sauts temporels et même dans ce cas, leurs corps restaient là où ils étaient. Que vient-il de se passer ?

Au loin, ils aperçoivent une boîte transparente reliée à un panneau de contrôle holographique. A l'intérieur, les poignets et la poitrine de Syana étaient gelés par des bandes de glace au carbone. Elle avait les yeux écarquillés par le choc. C'était clairement contrôlé à distance.

« Nous aurons besoin d'un Spark pour séparer les molécules ou d'un Snow pour déconnecter la source, quelle qu'elle soit », suggère Kamara.

Krysol a immédiatement appelé Norona à l'aide pour scanner le système et le tracer. « Glace de carbone« , répondit Norona, « dernière technologie Spark. Personne ne la touche et pas de chaleur !« elle a prévenu « ça pourrait exploser. Je m'en occupe », les a-t-elle rassurés.

Les trois tournent autour de Syana, rassurés de l'avoir trouvée. Ils la dévisagent, ayant l'impression que chaque seconde est une éternité. Zaran a pris la main de Kamara pour la réconforter.

« Je l'ai ! » Norona a crié avec excitation à travers le système et le panneau s'est soudainement éteint.

Kamara a bondi en avant pour libérer sa fille de la boîte. Par le passage, elle a appelé un flux d'eau du réservoir le plus proche pour libérer doucement la porte et entourer Syana d'un écosystème propre, éliminant toute trace de glace au car-bon. Syana a commencé à tousser et en peu de temps, elle a recommencé à respirer normalement.

10
La Réécriture

Grâce aux transmissions que Sionis envoyait à Alandra, ils pouvaient voir que Dorzak était arrivé au Haut Commissariat. Il était encerclé par les membres de sa faction, chacun d'entre eux étant concentré sur la tâche à accomplir. Leur intention ? Fusionner les deux branches restantes de la prophétie afin qu'elles ne laissent entrevoir qu'une seule possibilité, celle que les Streams reconstruisent une nouvelle civilisation Reviathan, plus forte et plus résistante que toutes celles qui l'ont précédée.

« Nous étions destinés à apporter le prochain chapitre de l'humanité », annonça Dorzak à voix haute. « Sinon, pourquoi nous aurait-on donné le pouvoir sur tous les éléments ? Les Seasons ne comprennent que la Terre, les Sparks comprennent la matière, l'air, la combustion pour rendre les molécules plus efficaces ; les Sunsets comprennent le pouvoir de la chaleur, du feu ; les Stars voient les possibilités des dimensions de l'espace et du temps ; les Snows ne connaissent que les mécanismes de communication qu'elles mettent en parallèle avec le flux d'informations de la même manière que l'eau. Mais nous, les Streams, nous pouvons exploiter tous ces pouvoirs pour gérer, pour progresser, pour construire une somme encore plus grande de ces éléments individuels. Nous sommes des leaders nés, nous agissons avec courage pour faire avancer les choses. Toutes les ressources de cette planète doivent être utilisées de manière à maximiser leur impact. Le niveau des mers va encore augmenter, nous devons donc devenir plus résiliants. Le Livre des prophéties l'a montré. Il n'y a qu'un seul moyen pour que nous puissions tous gagner. Nous devons travailler dur pour nous assurer que la seule issue possible est la voie du succès pour les Reviathan. Nous ne devons pas échouer. Le futur d'une plus grande civilisation Reviathan dépend de nos actions aujourd'hui. »

Dorzak se tourna vers son allié de la tribu des Sparks qui faisait partie du cercle et s'adressa directement à lui.

« Relan le sait, il comprend que les frontières sont faites pour être étendues, que la matière doit être créée et recréée avec l'intention de s'améliorer. Cet homme voit les possibilités, il comprend que le système tel qu'il émerge ne fonctionne pas à notre avantage actuellement. Il n'y a toujours pas assez de nourriture pour tout le monde et nous devons mettre un terme à ces fantasmes de co-création et de volonté de changement. Il a offert ses services au nom de la révolution. En réécrivant les lignes du Livre des Prophéties pour qu'elles convergent vers une seule ligne temporelle, il déclenchera une chaîne d'événements qui ne peut que conduire à un avenir meilleur. On se souviendra de lui pour son acte de bravoure et son service aux Reviathan. »

Le Livre était disposé au centre du cercle, comme s'il faisait partie d'une ancienne cérémonie inca. Une étoile à six branches avait été dessinée et chaque membre senior de la faction prenait place sur l'une des branches de l'étoile. Relan se tenait au centre avec Dorzak. Les membres du Courant regardaient avec admiration les pages du Livre que Dorzak tournait avec soin dans ses mains. Ils avaient entendu parler de son existence, mais il était là, sous leurs yeux, dans les mains de leur chef. Alandra est restée figée au sol en voyant Dorzak avec le Livre. Son coeur battait la chamade.

L'air s'engouffrait entre les pages, qui se pliaient les unes aux autres. La poussière et les feuilles autour d'eux commencèrent à se soulever et à se transformer en courants plus forts. Les vents du changement étaient sur eux et ils devenaient de plus en plus forts à mesure que Dorzak avançait dans l'histoire du Livre. Ils allaient tous être témoins d'un nouveau soulèvement des Reviathan dont l'origine était basée sur ce qu'ils allaient réécrire à ce moment-là. Le monde allait plonger dans une obscurité et un chaos momentanés alors que la relation entre toutes les choses, toute la matière était réécrite. Il n'y avait pas moyen de l'éviter, c'était le prix à payer pour créer un avenir différent.

Dorzak s'arrêta à la page où leur rébellion avait été évitée dans les territoires de la Nouvelle Terre. Il savait qu'il ne pouvait pas remonter le temps pour effacer ou changer le passé. Les Stars interviendraient par le biais de leurs portails pour réajuster les injustices que son intervention aurait pu créer. Il était contraire à leurs valeurs d'altérer les événements passés. Les lois universelles leur permettaient seulement de revoir ces moments avec une perspective différente, pas de les changer. Ce qui est passé est passé. Non, leur seule option était d'influencer le futur. En tout cas, il était rassuré et ravi de se voir à nouveau en possession du Livre des mains d'Alandra. Il n'y avait pas besoin de changer cette partie. C'était exactement comme cela devait être. Il tourna une autre page, puis une autre, jusqu'à se voir entouré des membres de la faction, tels qu'ils étaient à ce moment-là. Il sourit largement.

« C'était notre destin d'être ici », appela-t-il au groupe.

Les yeux de Relan se sont agrandis lorsqu'il s'est vu sur la page. C'était son destin, il en était sûr maintenant. Toutes ces années passées à se sentir reclus, un paria aux yeux du comité du lycée de Sparks. C'était de leur faute s'ils avaient rejeté toutes ses idées ingénieuses. Il savait qu'il avait du génie. Il savait depuis le début qu'il avait un destin exceptionnel qui attendait de se réaliser dans sa vie. Tant pis si ça ne correspondait pas à leurs plans.

Ils n'auraient pas dû ignorer ses innovations. Dorzak a vu son potentiel. Il l'avait accueilli dans la faction, écouté ses idées, lui avait dit combien il voyait de potentiel en lui. Le motif a clignoté dans son esprit. Il se sentait beaucoup plus maître de sa vie ici et plus important depuis qu'il était entré en contact avec la faction Stream. Ils n'étaient pas rassis et intransigeants comme les autres. Ils voulaient la révolution et ils avaient l'audace de la faire.

Dorzak indique à Relan de s'avancer pour travailler à la réécriture du chapitre suivant. En tant que membre de la tribu Spark, Relan avait la capacité de changer les molécules de l'encre utilisée pour écrire l'histoire. Il pouvait donc effacer ce qui était et créer une réalité totalement différente. C'est comme si chacune des pages avait été écrite de cette façon. En fait, personne ne savait qui avait écrit les lignes au départ. Le Livre a toujours été considéré comme un mythe.

Les mains de Relan tremblaient lorsqu'il les tendait vers la première page. Il ressentait la pression d'être le catalyseur d'une nouvelle chaîne d'événements, alors, à la manière habituelle de Sparks, il décida de faire une blague de tout cela.

« Que diriez-vous d'une bonne histoire d'horreur ? » demande-t-il en gloussant nerveusement.

Dorzak l'a regardé d'un air sévère, puis a souri d'un air encourageant, comme s'il voulait dire : « Vas-y. »

« Fais en sorte que cela se produise pour nous tous », annonça Dorzak, « écris que nous surmontons les soupçons des autres tribus pour les convaincre que c'est la bonne chose à faire. Ecris que nous développons Reviathan jusqu'à sa pleine gloire. Ecrivez que tous ceux qui se mettent en travers de notre chemin seront vaincus. »

Relan hocha la tête et plaça ses mains au-dessus de la première image, faisant tourner les molécules et comme toujours, des étincelles de lumière blanche se projetant des fusions d'énergie générées. Les mains toujours tremblantes, il relança une nouvelle image, petit à petit de Dorzak tenant une nouvelle version du Livre haut au-dessus de sa tête en signe de victoire. Le ciel était noir, le tonnerre et le chaos se déchaînaient tandis que l'univers se réorganisait. Les yeux de Dorsak brillaient de puissance alors qu'il imaginait que cet événement devenait réalité.

« Nous devons inclure une image des autres tribus qui se rendent », encouragea de nouveau Dorsak à Relan.

Plaçant ses mains sur l'image suivante, Relan demanda une fois de plus aux molécules de se décomposer puis de se reformer comme Dorzak l'avait ordonné. Lentement, elles s'enroulèrent sur la page pour révéler les milliers d'hommes et de femmes de la tribu vénérant le leadership de Dorzak. Des enfants brandissaient l'arbre emblématique de la tribu des Streams et l'histoire racontait l'inspiration des paroles de Dorzak. Son message s'est répandu dans le monde entier. Des hologrammes du symbole de l'arbre ont été affichés à travers le Reviathan et la Nouvelle Terre. Et c'est ainsi que la faction Anosov est née.

Relan poussa un soupir de soulagement en regardant le résultat de son travail sur la page. Il regarda Dorzak pour se rassurer, mais le vit déjà lever les bras au ciel en signe de victoire.

Alors que Rclan allait tourner la page suivante, le vent se leva encore plus et les tempêtes se rapprochèrent. La noirceur s'abattit sur la Terre, comme on le lui avait dit. Le chaos s'abattit sur eux et sur la planète entière, tandis que l'histoire commençait à se réorganiser et à converger vers une nouvelle ligne temporelle. Chaque cellule, chaque atome, chaque photon a été tiré vers une nouvelle position d'équilibre. Les gens, les animaux et la matière ont été tirés à travers des portails pour apparaître dans une autre réalité spatio-temporelle, prêts pour le déroulement des nouveaux événements futurs.

L'une de ces personnes était Olender qui s'est matérialisé devant eux, loin des installations de stockage d'eau où il retenait Syana captive. Entre les éclairs de la foudre, Relan a vu une nette impression de choc sur son visage. Il est resté figé au sol à l'endroit où il était apparu, incapable de parler.

L'excitation de Dorzak augmenta, car il y voyait le signe que tout se mettait en place, que les événements se réorganisaient d'eux-mêmes.

Dans le chaos qui s'ensuivit, de nombreux membres de la tribu se retrouvèrent dans différents campements. Les Seasons qui avaient travaillé dans les plantations de la Nouvelle Terre se sont retrouvées dans les campements des Reviathans et les plantations elles-mêmes ont été laissées à l'abandon. Les systèmes de communication sont tombés en désarroi alors que les messages étaient reformés et les nouvelles réécrites pour s'aligner sur les nouveaux événements. Les Snows qui surveillaient les systèmes étaient impuissantes à éviter la corruption du système qu'elles avaient travaillé si dur à installer.

Des centaines de membres de la tribu Sunset étaient maintenant en route vers le Haut Commissariat de Stream en renfort. Au moment où ils arrivaient à l'arc de lévitation, leur convoi s'est arrêté alors que les éléments bouleversaient leurs provisions, les envoyant voler à travers la cour. Ils se sont serrés les uns contre les autres pour se protéger et un calme instillé dans l'air autour d'eux. Malgré le chaos, ils se frayèrent un chemin jusqu'à la salle principale du sénat où Ryadon était toujours en train de débattre avec ses collègues leaders du Stream. Ils formèrent un cercle autour du comité, un anneau de défense d'où la même énergie magenta les entourait . La pièce entière a immédiatement été remplie d'un énorme sentiment d'amour et de sérénité. Ils étaient assis paisiblement, les mains liées, les yeux fermés, maintenant simplement cet état.

Ryadon a senti cet état de paix l'envahir alors qu'il échangeait des regards avec les autres Streams présents. Il était clairement temps d'agir. Ils étaient remplis de courage et du sentiment d'urgence de protéger leurs compagnons de tribu de la source de cette perturbation. Alors qu'ils sortaient l'un après l'autre du bâtiment, ils ont regardé le ciel pour tenter de s'orienter malgré l'obscurité. Alors qu'ils le faisaient, le vent hurlait et la pluie commençait à s'abattre sur eux.

Les éléments n'étaient pas une menace pour les Streams qui s'alignaient simplement pour rediriger les gouttes dans un canal d'eau qu'ils balayaient sur le côté. Ils se regardèrent curieusement les uns les autres. Jamais ils n'avaient vu les éléments aussi instables. Une nouvelle ère était en train de naître et sa naissance était pour le moins imprévisible.

« Nous devons trouver Dorzak » , cria Ryadon à travers le bruit de la pluie.

Ses collègues du Stream hochèrent la tête et l'un d'entre eux fit apparaître Norona sur son MessagePad.

« Norona, nous avons besoin de toi pour retrouver la trace de Dorzak, il doit être à l'origine de ce chaos », a-t-il appelé.

La communication fut interrompue et tout ce qu'il obtint en retour fut « Panne de système, nous y travaillons ».

« Depuis quand un Snow n'est pas au bureau ? » Ryadon a demandé furieusement furieusement.

Au moment où ils avaient l'intention de se reformer et de quitter la zone, le ciel s'est illuminé d'éclairs et a apporté avec lui les silhouettes de nombreux membres des tribus Stream sur leurs Regsters. Dorzak les menait. Ils traversèrent en piqué les tourbillons d'épais nuages gris pour atterrir juste devant l'entrée, derrière les membres du Comité.

« Pas besoin de regarder très loin », a dit un membre du Comité du courant à Ryadon.

Lorsque Dorzak a franchi l'arcade et s'est dirigé vers le centre du sénat, aucun des membres de la tribu Sunsets n'a bougé. Ils sont simplement restés côte à côte dans un calme de méditation. Dorzak s'est rapidement placé de manière stratégique sur l'une des rangées supérieures de la salle du congrès, où il pouvait voir et être vu clairement, tandis que le Comité rentrait dans le bâtiment derrière lui. Les partisans de Dorzak ont commencé à déployer des bannières et à projeter des hologrammes du symbole de l'arbre de la faction sur le dôme au-dessus d'eux.

Dans tout le Reviathan, les mêmes hologrammes ont été projetés dans le ciel pour que tout le monde puisse les voir. A leurs yeux, c'était le symbole de l'avènement d'une nouvelle ère de règne humain. Ils imaginaient leur propre grandeur.

« Que diable se passe-t-il ici ? » a crié Ryadon. « Dorzak, vous êtes au-delà de ce qui pourrait être considéré comme une interaction acceptable. »

« Mon intention n'est pas de nuire », a annoncé Dorzak à la congrégation des Sunsets. Les membres de la faction Stream ont rapidement ouvert l'accès à la plateforme de médias sociaux Visia afin que le même message soit relayé sur les réseaux avec une transmission forcée. « Il n'y a pas besoin de violence, car il est déjà écrit que notre destin est de travailler ensemble pour former une nation encore plus puissante. »

Il a fait une pause car il n'y avait aucun signe de reconnaissance dans la salle. Aucun des Sunsets n'a bronché. Aucun d'entre eux n'a regardé dans sa direction. Ils ont simplement continué à méditer en paix. La pièce était remplie de leur incroyable énergie magenta curative, même les représentations holographiques de la faction étaient teintées de rose foncé.

Dorzak les regardait du haut de sa position de domination. Cela semblait presque trop facile, mais c'était déjà écrit dans le Livre des Prophéties, comme il l'avait ordonné. Puis, alors qu'il s'apprêtait à continuer à parler, il eut un éclair de déjà vu, il vit la scène devant lui telle que Relan l'avait créée, avec des centaines de membres des tribus Reviathan se rendant à ses pieds. A ce moment, il se sentait paisible et confiant, entouré par l'énergie magenta.

Les vents se levèrent à nouveau alors qu'un groupe de Seasons s'approchait des campements du Sud, alerté par les oiseaux. Le sol tremble sous le pas ferme des éléphants, chacun équipé de la dernière technologie de bouclier de protection développée avec l'expertise des tribus Snow et Spark. Même les puissantes capacités des Streams à manipuler les éléments naturels ne pouvaient pas franchir ces barrières. Il était important pour la tribu des Seasons qu'aucun animal ne soit mis en danger pendant le siège, mais en tant que protecteurs de la Terre, ils ont clairement ressenti le souhait de leurs congénères de défendre également l'avenir de leur espèce, aux côtés de leurs amis humains des Seasons. Ils étaient heureux de s'unir aux membres des tribus des Seasons pour faire en sorte que les périodes historiques de domination humaine soient terminées et que la nouvelle harmonie qui avait été rétablie entre les humains et leur environnement naturel se poursuive. Les éléphants levèrent leur trompe en l'air et signalèrent leur arrivée. Entre eux, les membres de la tribu des Seasons avancent sur leurs Regsters, un sentiment de détermination sur chacun de leurs visages. Ils ne se laisseront pas influencer dans leur volonté de préserver la Terre des intentions de pillage et de discorde qui résultent souvent d'abus de pouvoir.

Personne ne sait quelles sont les intentions réelles de Dorzak, mais la nouvelle se répand qu'il a pris des ressources pour lui-même. Ceci est en soi contraire à toutes les valeurs de la tribu des Reviathan. La plupart ne comprenaient pas ce qui le poussait à tenter une telle chose. Il faudrait qu'il soit dans un état de déséquilibre extrême. Ils étaient prêts à écouter une explication mais leur marche était déterminée.

Ils ont encerclé le bâtiment du Haut Commissariat, les tribus des Seasons, des Stars et des Streams. Tous prêts à entendre ce que Dorzak avait à dire pour lui-même. Les membres de la tribu des Stars ont été placés à chaque angle de la cour, prêts à agir en cas de tentative de manipulation des dimensions de l'espace et du temps. Les Stars restent neutres dans tout conflit. Leur but est de ramener la compréhension, l'intégrité et la paix dans toute situation en examinant toutes les parties. Elles ne peuvent pas prendre parti, cela va à l'encontre des principes mêmes sur lesquels elles fondent le sens de leur vie et de leur mode de vie. Dorzak le savait et il ne s'attendait pas à avoir des problèmes avec eux, ni avec la tribu Sunset dont les valeurs d'amour et d'acceptation signifiaient par définition qu'ils ne toléraient aucune forme de violence, surtout pas de leur part.

Dorzak est sorti du bâtiment sur son propre Regster, flanqué de six de ses compagnons de la tribu Stream de chaque côté. Il regarda les rangées et les rangées de la population de Reviathan rassemblées là, dont les regards étaient cette fois tous tournés dans sa direction.

Il n'aurait qu'à convaincre les Seasons que sa voie est le meilleur espoir pour la Terre, et les Stars et dire aux Streams que l'utilisation des ressources serait améliorée.

Alors qu'il promettait plus de liberté aux Sparks, de supprimer les règles et les réglementations entourant la créativité, il a vu leurs visages s'illuminer d'inspiration. Ils imaginaient les nombreuses combinaisons qu'ils pourraient faire, les nouvelles découvertes et les innovations qui découleraient de l'autorisation d'une multitude de fusions qui avaient, jusqu'à présent, été interdites par leur propre Haut Comité. Cela signifierait qu'il n'y aurait plus de reclus ou de rebelles au sein de leur propre communauté. Chacun aurait plus de liberté pour expérimenter. Relan était aux côtés de Dorzak et c'était en soi un message très fort pour les membres de la tribu des Sparks qu'il leur avait déjà offert ce genre de liberté.

Ensuite, aux Snows, il a promis qu'il y aurait de la transparence, qu'on leur donnerait enfin accès à toutes les données historiques sur ce qui s'est passé avant et pendant le cataclysme environnemental afin qu'ils puissent comprendre. Cela a toujours été un énorme point de discorde pour la tribu des Snows. Pour beaucoup de citoyens du Reviathan, il n'y avait pas grand intérêt à analyser le passé. Ils disaient que nous ne pouvions agir que dans le présent et qu'il était inutile de blâmer qui que ce soit ou de se lamenter sur ce qui s'était déjà produit et ne pouvait être changé. Les Snows ont cependant besoin de comprendre, d'analyser, afin d'éviter de répéter les mêmes erreurs. Ce sont les membres de la tribu Star qui gardaient les champs morphiques qui conservaient ces informations comme une banque de mémoire virtuelle. Ils pouvaient consulter son contenu à volonté en s'y connectant grâce à leur conscience très évoluée. Les Snows étaient plus orientées mentalement. Ils aimaient lire, étudier, disséquer et comprendre et donc la promesse de transformer ce royaume virtuel en une forme plus concrète et matérielle était très tentante pour eux. Qu'y a-t-il d'équitable et de transparent à ce que les Stars y aient accès mais pas les autres tribus ?

Puisqu'ils pouvaient lire dans ses pensées, ils pouvaient voir qu'il était sérieux dans sa volonté de faire en sorte que cela se produise pour eux. Il comprenait leur besoin de clarté et pouvait faire confiance à sa parole, bien qu'en même temps ils pouvaient sentir qu'il essayait de les manipuler.

Les Stars sont restées silencieuses. Dorzak savait qu'elles n'étaient pas atteignables. Leur neutralité était légendaire, alors si lui aussi restait neutre avec elles, elles n'auraient aucune raison d'intervenir pour gâcher ses plans. Ils ont observé la scène avec leur dignité habituelle.

« Nous croyons qu'il honorera sa parole envers vous », fut la seule chose que l'un des anciens des Stars, Yargen, dit à la foule des Snows.

Les Stars ont généralement des opinions très fortes. Elles aiment aussi être entendues.

Les plus difficiles à convaincre sont les tribus des Seasons. Leur façon de voir le monde était très différente de celle des Streams. Comme la force silencieuse de la nature, leur résilience et leur détermination à soutenir la nature étaient inébranlables. Dorzak avait prévu son discours, cependant, il leur a promis que s'ils s'alignaient, ils pourraient continuer leurs recherches dans certains secteurs de la Nouvelle Terre. Il aurait besoin de beaucoup plus de fournitures afin de créer une nation encore plus grande. « Il ne peut y avoir qu'une seule issue », leur a dit Dorzak.

Les Seasons sont restées immobiles pendant que Dorzak parlait. Comme toujours, ils prendraient tout le temps nécessaire pour prendre une décision, mais ils étaient là aujourd'hui en force pour montrer qu'ils ne se laisseraient pas détourner de leurs valeurs et qu'ils ne se laisseraient pas intimider. Ils avaient, pour une fois, beaucoup de mal à imaginer ce que Dorzak essayait de leur dire pour améliorer les chances de la Terre grâce à ses méthodes. Ils étaient apparus en grand nombre, sortant de leurs campements éloignés pour écouter ce qu'il avait à dire.

Puis Ryadon est apparu dans la foule une fois de plus. Ses plus proches alliés du Stream formaient une ligne de chaque côté de lui pour manifester leur opposition à Dorzak. Il a parlé fermement.

« Depuis que le Reviathan a été fondé, personne n'a jamais pris le pouvoir entre ses mains Dorzak, tu violes les fondations mêmes sur lesquelles l'identité de ta tribu a été fondée. La domination est facile. Elle a ses racines dans la peur. Nous sommes plus nobles que ça. Nos gènes ne sont plus pollués par de tels codes. Pourquoi puisez-vous dans votre nature passée pour affirmer vos désirs au-dessus de ceux du collectif ? Vos actions ne vous honorent pas. » Ryadon a parlé comme un homme d'état.

« Tu affaiblis notre civilisation avec tes idéologies Ryadon » , rétorque Dorzak.

« Elles nous empêchent de chercher à expérimenter notre véritable potentiel complet. Nos pouvoirs sont limités à des tâches quotidiennes subalternes, notre comité restreint nos droits et nous luttons pour produire suffisamment de nourriture pour satisfaire une population croissante. Quel genre de leadership est-ce là ? Nous n'étions pas destinés à ramper, ni à mourir de faim. »

« En effet, » répondit Ryadon, « mais nous étions destinés à marcher ensemble, à évoluer ensemble. » Les Sunsets n'accepteront pas la division.

11
Plan de puissance

Modonis a alors émergé de la foule de Sunsets rassemblés autour de la salle de conférence principale. Il a appelé Dorzak pour discuter avec lui.

« Je n'ai pas le temps de débattre avec des jeunes gens », a-t-il répondu à son jeune adversaire. « Les débats sont pour la tribus des Stars », dit-il en riant, « ils trouvent toujours le temps pour ça ! » .

« Je suis ici pour trouver une solution raisonnable pour le peuple de la Nouvelle Terre », commence-t-il, « Ils ont aussi le droit d'être représentés. Ils ne nous ont rien fait et pourtant vous jugez bon de prendre le peu de ressources qu'ils ont. Nous savons que vous stockez leur eau avec Yorrik le marchand. »

« Raisonnable ? Qu'est-ce qui est raisonnable ? » répondit Dorzak. « Vous n'avez aucune preuve mais qui a décidé que ces ressources leur appartenaient de toute façon ? Depuis quand en ont-ils pris possession ? Les ressources naturelles appartiennent à la terre, à ceux qui savent les utiliser efficacement. Elles doivent être utilisées pour un plus grand bien. Qu'est-ce que vous en savez, votre vision est petite. Tu ne vois que ta vision partielle et enfantine de la situation. »

Modonis s'arrêta un instant voyant que Dorzak n'était pas d'humeur à changer de perspective. Il était tellement pris par son vision de ce que Reviathan pourrait être qu'il était aveugle à l'impact sur ceux qui étaient dans des circonstances plus faibles. Pour Dorzak, Modonis pouvait voir que les résultats justifiaient les moyens. Il voyait l'arbitrage de quelques personnes perdant leurs ressources comme une concession à court terme qui donnerait lieu à la possibilité d'un résultat bien plus important pour l'évolution de Reviathan. Cela allait être plus difficile que Modonis ne le pensait.

« Qu'est-ce que le pouvoir s'il est imposé aux gens ? Ce n'est pas de l'influence. Il n'est pas donné librement donc il n'a aucune valeur. Où est l'intégrité là-dedans ? Vous ne laissez aucun choix à ces personnes. C'est un abus de pouvoir, une domination avec l'intention de nuire en les prenant ou en les utilisant à votre profit. Nous devrions tous avoir le droit de croire ou non à l'histoire de notre leader. »

« L'intégrité, c'est faire ce que vous croyez être juste », a répondu Dorzak, « C'est exactement ce que je fais pour le bénéfice de beaucoup plus que moi-même ».

« Mais depuis que vous avez le livre, vous n'avez plus besoin d'exploiter les gens, vous pouvez manifester tout ce que vous souhaitez. Pourquoi ne pas créer plus de ressources plutôt que de simplement imaginer que le monde est limité ? Il n'a plus de limites pour toi ! » Modonis l'interpella. « Je te demande de prouver ton leadership en élevant tout le monde. Laisse-nous voir par tes actions, et pas seulement par tes paroles, que tu es apte à nous diriger. »

Il est resté immobile, ne sachant pas vraiment quoi dire d'autre et sentant qu'il avait peut-être dépassé les bornes. Dorzak n'était clairement pas d'humeur à négocier et, de façon réaliste, pourquoi le ferait-il ? Il avait le Livre des Prophéties après tout.

« Qui es-tu pour me dire ce que je dois faire, ou pour remettre en question mon avance. Quand tu auras gagné plus de batailles que le Championnat DynaFlow et construit des empires, alors tu pourras parler de ce que tu sais », dit Dorzak en riant. « Les mots ne font pas un guerrier ! » conclut-il, « va jouer avec tes amis et laisse le vrai travail à ceux qui ont de l'appétit. Vous me remercierez un jour. »

Réalisant qu'il n'y avait plus rien à dire, Modonis soupira et son cœur se serra. Une partie de lui se sentait mieux d'avoir au moins essayé et pourtant il se sentait déchiré par le fait de ne pas avoir fait avancer la cause. À ce moment-là, il se sentait impuissant. L'un des membres de la tribu Sunset, une jeune femme aux yeux magnifiques, lui tendit la main un instant. Elle lui fit un signe de tête serein comme pour le rassurer en validant qu'il avait fait tout ce qu'il pouvait. Il n'y avait plus rien à dire. Sa profonde empathie l'a aidé à se sentir mieux. Ils étaient tous dans le même bateau. Ce n'était pas seulement sa responsabilité. Son aura magenta l'entoura, apaisant ses craintes et très vite son esprit cessa de s'emballer et il pensa aux autres. Remerciant la femme gentiment, il se tourna pour partir, laissant Ryadon faire face à Dorzak. Il retournera se regrouper avec Syana, Krysol et les autres. Ils seraient plus forts en nombre, si tant est qu'ils puissent faire quelque chose à ce stade.

Les groupes s'étaient reformés au campement 12, appartenant aux Seasons. Il serait plus facile de se barricader contre toute tentative d'attaque des éléments que Dorzak pourrait décider de mener.

A l'arrivée de Modonis, Bane discutait tranquillement avec sa tante Lemaria. C'était comme si leur ancêtre Devon était toujours là. Les deux n'avaient pas été ensemble depuis de nombreuses lunes. Bane venait de rentrer des mines de Nouvelle Terre où il était également à la recherche de son frère jumeau, et Lemaria supervisait la colonie des Outliers. Leurs retrouvailles ont été très touchantes pour beaucoup. Les Seasons ont vu une étincelle d'espoir dans le retour de Bane. Mère Nature le rappelait à ses racines pour aider la cause. Il a apporté avec lui beaucoup de connaissances sur la situation et une compréhension encore plus profonde des voies de la nature. Beaucoup de membres de la tribu se demandaient s'il n'avait pas encore développé ses dons en passant autant de temps à contempler la nature.

Tout en parlant, ils ont senti la présence de Devon. Sa sagesse qui les avait tant inspirés en grandissant et pourtant une partie d'entre eux était triste de la situation dans laquelle ils se trouvaient tous, alors que Dorzak pillait encore plus les ressources de la nature pour sa propre faction. Ils savaient que ce n'était pas ainsi que la nature avait voulu qu'ils vivent, dans un mépris égoïste des besoins des autres. Ils ont décidé à ce moment-là, à n'importe quel prix, de poursuivre leur travail de soutien à sa régénération. Ils avaient suffisamment d'expérience de ses méthodes pour comprendre qu'ils faisaient tous partie d'un cycle de la nature beaucoup plus vaste, s'étendant peut-être même sur des millénaires. Elle était sûrement encore plus sage qu'eux, mais ils comprenaient aussi que chaque élément de la nature avait son rôle à jouer. Ils n'étaient pas impuissants. La question était de savoir comment soutenir ce grand cycle maintenant ? Il est certain que Dorzak perturbe le grand cycle avec sa déformation des lignes du temps et que le saccage des plantations ne peut être accepté. Ils ont alors calmement fermé les yeux pour réfléchir et écouter ce que la nature pouvait avoir à dire pour les guider. En ressentant leur lien avec tous les organismes vivants qui les entourent, ils ont senti une certaine paix intérieure leur revenir. Lorsqu'ils ont rouvert les yeux, les deux Seasons se sont arrêtées pour se regarder profondément.

« Il est temps », a annoncé Bane, « nous sommes appelés à une quête de vision ».

Lemuria était surprise mais elle a acquiescé. « Mais qui veillera sur les tribus des Seasons ? » demanda-t-elle anxieusement.

« Tous ceux qui ne sont pas encore indépendants doivent apprendre à suivre leur propre chemin », a rappelé Bane à Lemuria. « Je sais combien il est difficile de faire ces premiers pas, mais chacun a son histoire à créer. Ils s'en sortiront. » Elle lui fit un nouveau signe de tête. « Alors qu'il en soit ainsi », conclut-elle. « Quand ? »

« Maintenant », répondit Bane avec un clin d'œil.

Modonis entendait leur conversation. Parfois, il ne comprend pas bien leurs manières. Les Seasons sont tout à fait opposées dans leur façon de voir le monde. Ils contemplent souvent plus qu'ils ne font les choses, pensait Modonis. Nous sommes au milieu d'un grand bouleversement et ils prévoient un pèlerinage dans les montagnes ? A quoi bon ? Il secoua la tête, mais tout de même, il se rappela que nous ne sommes clairement pas tous les mêmes.

« Nous allons bientôt partir », annonce Lemaria.

« Où ? » demanda poliment Modonis, bien qu'à ce stade, cela n'avait pas vraiment d'importance pour lui. Ils n'allaient certainement pas affronter Dorzak !

« Nous ne savons pas. Les montagnes de Varlow seront le point de départ puis pendant deux jours nous serons guidés par le grand Wakan Tanka. »

« Bien sûr », répondit Modonis, « les montagnes, de belles vues là-haut », ajouta-t-il d'un ton taquin. « Je vais prévenir les autres. »

Sur ce, il se dirigea vers sa propre tribu des Streams qui... qui étaient regroupés à l'arrière du campement. Ils scrutaient les différentes options.

Alandra et Sketch étaient là, ainsi qu'Ellianon, Castedon et Yargen qui étaient arrivés pour soutenir l'effort.

Alandra expliquait ce qu'elle avait vu d'autre dans le livre et les différentes façons de le récupérer. Après seulement quelques instants, il était clair que l'attention des tribus Stream commençait à s'égarer. Ils s'impatientaient, une décision était nécessaire. C'est à ce moment que Yargen est intervenu. Il avait écouté patiemment, et attendait aussi avec impatience le moment de parler, il faut bien le dire.

« Il semble qu'il y ait une autre possibilité », suggéra-t-il avec un large sourire. « Nous ne pouvons pas changer le passé, comme vous le savez, c'est contraire aux lois universelles. Nous pouvons cependant empêcher Dorzak d'apporter d'autres modifications au livre si nous parvenons à convaincre Relan, le Spark, qu'il existe une autre perspective. Je crois qu'il pourrait ne pas être aussi disposé à réécrire le futur pour Dorzak. »

Le groupe a fait une pause pendant un moment, se regardant les uns les autres pour des signes. L'un après l'autre, ils ont hoché la tête, Krysol, Syana, Castedon, Ellianon, Sketch et enfin, Alandra. Elle était occupée à calculer la probabilité que cela fonctionne.

« C'est limité, un seul angle d'attaque », les prévient-elle tous. « Il est calculé pour être notre meilleure option cependant. »

Les Streams ont tapé du poing pour montrer leur enthousiasme. Puis en une fraction de seconde, ils ont réalisé que le plan serait centré sur Yargen montrant à Relan ce que Dorzak pensait vraiment de lui. « Alors on doit t'amener près de Relan ? Pour attirer son attention ? » Krysol a proposé.

« Une diversion ? » suggéra Sketch.

« Exactement, » répondit Yargen, « puis j'apparaîtrai et lui montrerai le point de vue de Dorzak. »

Ils ouvrirent leurs MessagePads et firent apparaître des hologrammes du bâtiment central du Haut Comité du Stream pour évaluer la meilleure façon de surprendre les membres de la Faction du Stream qui y tenaient le fort.

À ce moment-là, Norona a interrompu leur connexion avec des nouvelles.

« Ils ont libéré une partie des réserves d'eau », annonce-t-elle, avec autant d'excitation qu'un cyborg peut en avoir. « C'est partout sur le réseau. Dorzak l'utilise clairement comme une démonstration de son pouvoir et de sa générosité. Encore de la propagande ! » Norona a ajouté. « J'ai pensé que vous aimeriez être au courant, surtout Sketch. Il dit aux Néo-Terriens qu'ils doivent rejoindre sa faction, en disant que c'est la seule solution. »

« Vraiment ? » demande Modonis, surpris.

Krysol a regardé Modonis avec fierté. Il avait entendu comment Modonis avait affronté Dorzak et il sentait son estime pour lui grandir encore plus.

« Bien sûr que j'en suis sûr ! » souffla Norona, « depuis quand ai-je fait quelque chose de mal ? En tout cas, c'est partout ! Vous n'avez qu'à connecter vos bloc-notes et vous le verrez par vous-même. D'après la façon dont le système pulse, il est clair que d'autres Streams et quelques New Earthers le rejoignent. Je dois retourner brouiller ces impulsions de réseau ! Je contrecarre les messages en les remplaçant par des bombes d'informations autodestructrices chaque fois que son nom est dans l'étiquette d'une impulsion réseau. Très amusant. »

Et elle est partie. Modonis restait là, fier de lui. Ce n'était pas génial que Dorzak se serve de ça comme d'une occasion de faire des photos, mais s'il ne l'avait pas confronté, il n'aurait peut-être jamais divulgué aucune de ces ressources. De nombreuses familles de Terre Neuve seraient plus en sécurité grâce à ses actions. Maintenant, il est temps de s'occuper de Relan.

« Je vais rester ici pour protéger Yargen lorsqu'il franchira le portail », suggère Castedon, » vous aurez besoin d'autant de renforts que possible pour atteindre Relan. Dorzak ne va pas l'abandonner facilement ! »

« Prêt ! » dit Syana avec enthousiasme. « C'est parti ! »

« Nous venons avec vous », ajoute Alandra, « Je vais là où va le Livre ».

Après un dernier regard pour s'assurer que tout le monde était aligné et prêt, le groupe passa à l'action.

Ils étaient sortis du campement avant même que Bane et Lemaria n'aient commencé à se préparer pour leur propre voyage.

12
La quête de la vision

En quittant la colonie, Bane a rangé la flûte de la paix dans ses bretelles. Elle était de nouveau à l'endroit où elle avait résidé sereinement pendant de nombreuses lunes. Lemaria marchait tranquillement à ses côtés. Cette quête de vision s'était déroulée sans qu'il n'ait rien planifié en détail. Il avait simplement fait la demande à ses ancêtres en sentant que le moment était venu. Quelque chose de l'intérieur les poussait à aller de l'avant. Quelque chose qu'il sentait faire partie du but de sa vie. Il ne savait pas pourquoi, il sentait juste au fond de lui que leurs guides animaux et spirituels avaient quelque chose de vital à leur communiquer. Demain, il marcherait seul dans la dense étendue sauvage des Reviathans et dans les montagnes, porté par les désirs de la nature vers un endroit qu'il n'avait pas choisi. Un endroit où il ne serait pas sans peur, mais où sa foi le ferait avancer, lui, Lemaria et la civilisation du Reviathan, unifiés, comme cela avait été le cas pour son grand-père Devon il y a de nombreuses années. C'était à son tour d'affronter ses démons, de se regarder dans les yeux et de se demander s'il avait vécu une vie qu'il avait choisie, en honorant Mère Nature. Une vie qui s'alignait avec ce en quoi il croyait vraiment. En tant que membre de la tribu des Seasons, a-t-il servi Mère Nature comme il l'aurait voulu ? L'a-t-il écouté ? Entendu ses appels ? Lui avait-il montré du respect et l'avait-il nourrie quand elle en avait besoin ? Bane resta immobile pendant un moment, écoutant chacune de ses paroles lointaines mais essentielles. Il ressentait chaque vibration, chaque lien avec les autres êtres vivants dans chaque cellule de son être. Il savait que tous les organismes vivants sont connectés et interdépendants.

Bane marchait, écoutant chaque créature et reconnaissant ainsi leur existence, toutes aussi importantes les unes que les autres dans l'équilibre de l'univers. A cette échelle, chaque chose est minuscule, pourtant rien n'est insignifiant, sa place autant que celle d'un minuscule insecte. Les Seasons ressentent la perfection de tout cela dans les vibrations des êtres vivants. C'est le pouls de leur force vitale, le calme au centre, c'est pourquoi ils se sentent si liés à la Terre. Elle les aide à trouver le calme dont ils ont besoin à tout moment. Ils comprennent les voies de la nature et la vaste matrice des lois géométriques qui la soutiennent. Ils peuvent s'asseoir pendant des heures pour contempler et c'est un besoin fondamental pour eux. Un environnement trop chaotique devient vite épuisant et même accablant pour eux.

Bane avait beaucoup de temps devant lui pour réfléchir. Il serait une fois de plus seul mais ce n'était pas un problème pour lui puisque les Seasons aiment la solitude. Non, le problème était le poids qui reposait sur ses épaules. La décision concernant son avenir et celui de tous les hommes et femmes de la tribu des Seasons qui avaient placé leur confiance en lui et Lemaria pour découvrir la bonne vision. L'évolution était une fois de plus en train de s'imposer à eux. De nombreuses décisions et épreuves difficiles les attendent et les fils de la mer n'aiment pas prendre des décisions hâtives. Ils prennent le temps de réfléchir tranquillement, d'examiner les différentes possibilités et d'imaginer une voie à suivre. Ils n'aiment pas être bousculés. Grandir apporte toujours plus de responsabilités, mais en même temps des opportunités de faire plus, de découvrir plus de choses sur nous-mêmes, de vivre différemment en faisant de nouveaux choix. C'était le prix à payer et il se profilait devant lui. Il est toujours important de rester optimiste.

S'il les conduisait aux plantations de la Nouvelle Terre et à un accord avec les Néo-Terreux, y aurait-il vraiment la paix ? Pourrait-il y avoir une nouvelle voie qui réunirait à nouveau leur peuple ? Leurs croyances étaient maintenant très différentes, ou l'étaient-elles ? Que savaient-ils vraiment des New Earthers et de ce qu'ils voulaient ? Quand les gens n'ont rien, bien sûr qu'ils veulent survivre.

Son esprit s'emballe, il ferme les yeux et se concentre pour se connecter à nouveau à la nature qui l'entoure. Alors qu'il le faisait, il a senti cette connexion une fois de plus, qui se projetait à l'extérieur de son plexus solaire, et dans l'ensemble. Il s'est soudainement senti en paix, comme si tout était parfaitement à sa place, se déployant, évoluant comme il se doit. Un pilier de calme au milieu de la bataille qui s'annonçait. Ses pensées se sont apaisées. Il avait l'impression qu'elles n'étaient qu'une petite pièce d'un énorme puzzle. D'une certaine manière, les Seasons avaient confiance dans le sens de l'ensemble du puzzle, dans le fait que chaque pièce serait exactement comme elle devrait l'être et que la nature s'épanouirait à nouveau.

Les Seasons connaissaient l'abondance de la nature. Elles savaient qu'elle pouvait s'étendre pour accueillir tout le monde s'ils trouvaient un équilibre, une certaine harmonie dans leur façon d'évoluer avec elle. C'est la peur de ne jamais en avoir assez qui nous pousse à essayer de la détruire. De prendre sans donner. En fait, nous fonctionnons de la même manière avec les autres êtres humains. Nous accumulons les ressources, nous nous mettons sur la défensive, nous utilisons notre temps et notre énergie pour essayer de les convaincre que notre façon de voir le monde est la bonne. Mais elle a son propre cycle, la nature, et nous devons nous adapter à elle, et non l'inverse. Nous sommes une si petite partie d'un énorme cycle de perfection que nous ne pouvons pas comprendre quelle est notre place. Petit et pourtant pas insignifiant.

« Rien ni personne n'est insignifiant et c'est ce que Sondar vient d'apprendre. Son père n'était peut-être pas tout près de lui au début de sa vie, mais il n'était jamais vraiment seul. Chaque fois qu'il s'est retrouvé seul, toute une communauté s'est mise en action pour l'aimer et le soutenir.« Bane a entendu une voix dans le vent dire.

Des larmes ont coulé des yeux de Bane lorsqu'il a entendu ces mots. Il revenait des mines pour être réuni avec son fils. Il s'était dit que cela avait dû être dur pour Sondar, toutes ces années seul, même s'il savait que la nature l'aurait soutenu. Il se sentait coupable de ne pas avoir été là quand il a grandi.

« Peut-on se sentir coupable de quelque chose dont on n'est pas responsable ? » Il a entendu la voix parler. « Tu ne connaissais pas son existence. Maintenant que tu le sais, tu agis en accord avec ton cœur. Son don pour relever ces défis est plus grand que ce que toi et lui pouvez imaginer en ce moment. Tu n'as plus à choisir entre diriger ton peuple et ton fils. Vos destins sont intimement liés, pour le meilleur et pour le pire. »

Bane a écouté attentivement mais il a été déconcerté par ces mots. Il s'était lancé dans cette quête de vision pour entendre parler de l'avenir de Reviathan, et non de ses propres raisons de revenir au campement des Seasons. Qu'est-ce que son fils avait à voir avec tout cela ?

« Sa génétique contient à la fois les séquences de l'évolution génétique de Reviathan et la résilience des New Earthers. Il est le futur de l'espèce humaine. » Bane fut encore plus étonné par les derniers mots qu'il entendit.

« Tous les Jeunes sont notre avenir », répondit Bane en s'adressant à l'air libre.

« En effet, mais nous avons tous une programmation génétique différente mais complémentaire », a-t-il entendu. « L'histoire de Son- dar fait qu'il excelle en tant que fédérateur parce qu'il comprend ce que cela signifie d'être seul. Ses gènes sont un mélange unique de Reviathan et de Nouvelle Terre, il est le seul de ce type, et il a tant appris de son séjour dans la tribu Sunset. Son avenir est notre avenir et il doit être protégé à tout prix. »

Bane a continué à marcher. Il sentait le mouvement de toutes les créatures et de la végétation autour de lui, comme si la magie le poussait à avancer. Il avait l'impression de faire partie de tout ce processus. Quelque chose lui disait que Mère Nature savait ce qu'elle faisait. Comme si elle savait qu'il serait ici aujourd'hui, marchant côte à côte avec Lemaria une fois de plus. Tout était parfait, la nature et la place de chaque chose en elle était parfaite. Pourquoi toutes ces perturbations avec Dorzak alors ? Cela n'avait pas de sens. Il créait sa propre sorte de chaos. Il se plaçait au-dessus des cycles naturels de la nature en changeant la séquence des événements, en décidant de la répartition des sources. Si tout était à sa place, alors Dorzak devait l'être aussi ?

« Nous faisons des choix ensemble, avec nos pensées, nos émotions et nos actions, » Bane a entendu la voix dire.

« Alors nous avons choisi ça ? Nous tous ? » pensa Bane.

« Ce n'est qu'une référence, cela signifie que c'est quelque chose à regarder et à décider si c'est ce que nous voulons ou si nous sommes prêts à faire autre chose. »

« Un peu comme, si nous n'aimons pas la façon dont Dorzak arrange les choses, nous devons décider ensemble de choisir une autre fin ? Une autre façon de se comporter que celle qu'il nous montre ? » questionna Bane. « Donc si nous pensons qu'il abuse de son pouvoir, nous devons montrer comment ne laisser personne abuser de son pouvoir sur nous. »

« Oui, exactement », entendit-il la voix confirmer.

« Mais nous devrions le combattre pour empêcher que cela ne se produise, n'est-ce pas ? » demanda Bane.

« Non, il y a d'autres moyens. Bien sûr, vous choisissez de ne pas être des victimes mais vous pouvez aussi choisir de vous comporter de manière pacifique. Reviathan peut être rendu grand, il peut s'épanouir sans que personne n'ait besoin de souffrir. »

« Vous voulez dire que certaines de ses intentions ne sont pas mauvaises ? Nous devrions essayer de rendre notre civilisation plus grande ? » Bane était surpris.

« Cela signifie que collectivement, vous pouvez choisir. Vous pouvez choisir de la rendre faible, vous pouvez choisir de la rendre forte, vous pouvez choisir d'être tous tristes ou heureux, mais vous choisissez tous ensemble. Lorsque nous examinons les actions individuelles de chacun, nous pouvons voir la direction que prend le monde. Nous choisissons tous, chaque jour, à chaque instant », répond la voix.

« Je ne comprends pas », concéda Bane.

« Alors continuez à marcher », répondit doucement la voix.

Alors Bane a continué. Il sentait que son esprit était rempli de questions qui commençaient à nouveau à s'estomper alors qu'il marchait encore et encore. Lemaria semblait également travailler sur certaines de ses propres peurs. Bane avait vu qu'elle avait clairement peur pour l'avenir des membres de la tribu des Seasons dans son campement. Peut-être pensait-elle aussi à son fils. Elle a croisé le regard de Bane et a semblé rassurée qu'il soit là, marchant simplement à ses côtés. Il n'y avait pas besoin de parler. Tous deux sentaient ce que l'autre ressentait, tout comme la nature qui les entourait.

Alors qu'il sentait son esprit devenir calme une fois de plus. Il réalisa à nouveau que leur vision des Reviathan était peut-être limitée. Il a pensé à leur père, Devon. Ce qu'il avait voulu pour tout le monde. Comment il avait passé des années à consulter de nombreuses personnes différentes sur leurs espoirs pour l'avenir et à essayer de comprendre et de combiner leur expertise. Avaient-ils échoué ? Dorzak avait-il raison ? Bane n'aimait pas ce qu'il ressentait mais s'il mettait sa fierté de côté pour un moment, peut-être y avait-il un autre moyen ?

Lemaria a senti que Bane se sentait mal à l'aise. Elle posa sa main sur l'épaule de son frère et ils continuèrent à marcher sur le flanc de la montagne. L'air autour d'eux se refroidissait de plusieurs degrés et leur peau commençait comme toujours à s'épaissir.

« Et si aucun de nous n'avait tort ? pensa Bane, et si Dorzak nous montrait qu'il était temps d'évoluer, tout comme la nature. Nous n'avons pas à être d'accord avec la façon dont il s'y prend, mais nous pouvons accepter d'évoluer ensemble ? C'est ce que nous devons comprendre », a-t-il lancé à la vallée vide devant lui. « Il n'a pas raison et nous n'avons pas raison ? Il ne s'agit pas de savoir qui gagne ou perd, il s'agit que tout le monde gagne. Y a-t-il un moyen pour que tout le monde en profite pacifiquement ? » demanda-t-il.

« Montrez ce qui est possible », a insisté la voix. « Croyez que c'est possible. Vivez comme si c'était normal. Alors vous verrez. Vous verrez qui vous rejoindra. Vous verrez ce que vos actions collectives peuvent apporter. »

« Et qu'en est-il de Dorzak ? » Bane a demandé. « Il a le Livre. Il peut sûrement déstabiliser tout ce que nous mettons en place. »

« Vous avez la liberté de choisir », répondit la voix, « il ne peut- pas changer cela et il peut lui-même voir d'autres possibilités. »

« Et Sondar ? » demanda Bane, « quel est son rôle ? Ce n'est qu'un enfant. »

« Il l'est », répondit la voix. Puis il y eut un silence.

« Il est quoi ? » encourage Bane.

« Il est tout simplement », répondit une nouvelle fois la voix, suivie d'un silence. Au moment où ils atteignaient le sommet, Bane s'est entendu dire : « Il est simplement un exemple de ce qui est possible lorsque les Néo-Terriens et les Seasons s'unissent. Un symbole. »

La voix s'est à nouveau tue tandis que Bane intégrait cette dernière information. Les brindilles et les feuilles sur le sol crissaient sous ses pieds alors qu'il marchait. Il écoutait la symphonie de petits bruits autour de lui, la nature continuant en effet d'évoluer, inconsciente du conflit qui se déroulait devant le Haut Commissariat du Stream.

Alors qu'ils continuaient à marcher, il a finalement compris l'importance du rôle de Sondar. Il allait passer du statut de symbole de la honte, de la séparation, à celui de symbole de la fédération.

Ils descendirent du sommet de la montagne en silence et en communion avec toutes les forces de la nature qui les entouraient. Il était clair pour eux qu'ils intégraient une compréhension encore plus grande des rouages de la vie et des défis qui les attendaient. Armés de leur foi qu'il pouvait y avoir une autre voie pour Reviathan, leur cœur se sentait plus léger. Au fur et à mesure de leur progression, des oiseaux décrivent des cercles dans le ciel au-dessus d'eux, comme pour participer à leur pèlerinage. Les étourneaux, puis les hirondelles les accompagnaient. Ils dansaient et s'interpellaient de manière ludique. Puis, entre les arbres, des cerfs et des lapins sortirent la tête de la verdure pour regarder passer l'insolite pro- cession des Seasons.

Bane et Lemaria ne se sentaient plus aussi solennels. Leurs cœurs étaient expansifs et leurs pieds légers. Savoir une fois de plus qu'ils étaient guidés par des forces autour d'eux, beaucoup plus sages et connectées qu'ils ne l'étaient en tant qu'individus leur donnait une force intérieure. Alors qu'ils approchaient à nouveau de l'entrée de la colonie 12, leur foi était renouvelée. Les esprits de la forêt avaient parlé.

13
La bataille des volontés

Castedon observa le corps de Yargen se détendre et ses yeux se voiler, comme s'il rêvait. Certains disent que les gens ont l'air d'être « dans un autre monde « lorsqu'ils rêvent, dans le cas des membres de la tribu Star, c'est effectivement le cas. Leur conscience quitte leur corps comme un courant d'air à travers un portail vers l'endroit où ils sont appelés, souvent vers un lieu émotionnel. On pense qu'ils ont développé cette capacité afin d'être en mesure de comprendre la vie sous tous les angles, d'expérimenter de nombreuses situations en dehors de leur propre vie. Lorsque nous pouvons faire cela, nous apprenons à ne pas nous juger nous-mêmes, notre vie ou les autres. C'est ce qui fait d'eux de si bons médiateurs de paix, même s'ils aiment aussi un bon débat ! Ils ont réalisé, au cours de nombreuses années d'évolution, que tout cela n'était que des croyances différentes que nous construisons au fur et à mesure que nous grandissons (et c'est ce qui rend chacun de nous unique) mais qu'en réalité, derrière tout cela, il y a une conscience qui nous relie. Comme tout est lié, cela permet aux Stars de se frayer un chemin à travers les labyrinthes de l'espace et du temps jusqu'à la « balise« exacte de l'événement qu'elles doivent examiner.

Tout ce que Castedon devait faire était de veiller sur le corps de Yargen pour le protéger jusqu'à ce qu'il revienne, peu importe quand. Parfois, ces sauts spatio-temporels prennent beaucoup de temps. Il devait d'abord localiser Relan, puis se connecter à sa conscience, lui montrant autant de vérités différentes que possible. qu'il le faudrait.

Castedon s'assit confortablement, face à l'en- trance en enroulant sa cape en arrière sur son épaule. Il prit une pochette dans sa poche intérieure et en sortit de la poudre. Il fouille dans une autre poche, révélant une longue épingle en métal. Il la tient devant ses yeux et lorsqu'il jette le pouvoir sur elle avec son autre main, elle éclate en lumière blanche. Des étincelles volent dans l'air autour de lui. La balle tournait rapidement au bout de l'épingle, comme un ballon de basket, qu'il lançait ensuite vers le plafond de la pièce, où elle se coinçait, remplissant l'espace d'une lumière brillante. Il sourit à lui-même pour son travail élégant et se détendit sur la chaise, faisant passer l'épingle d'un doigt à l'autre et vice-versa pour passer le temps.

Syana, Modonis, Krysol et Ellianon étaient presque arrivés au Haut Commissariat de Stream, suivis de près par Alandra et Sketch. Ils s'étaient arrêtés pour récupérer quelques fournitures stratégiques dont ils auraient besoin en joignant leurs forces à celles des centaines de tribus de Seasons qui s'étaient déjà portées volontaires pour intervenir afin d'arrêter Dorzak. La force rebelle a déferlé sur le Haut Commissariat avec l'intention claire d'empêcher toute nouvelle manipulation des événements futurs. Leurs éléphants marchaient vers lui, leurs armures étincelaient.

Dorzak avait senti leur arrivée et les attendait dans l'arène principale, accompagné de ses sbires Stream. La salle était encore remplie des Sunsets qui étaient là pour maintenir la paix.

L'entrée principale était encore grande ouverte. Syana se tenait près du pilier. Elle regardait Modonis, prête à agir. Dorzak était entouré de cinq de ses hommes de main les plus proches, les yeux fixés sur ses paroles alors qu'il continuait à charmer la salle avec sa propagande. Les membres de la tribu Sunset qui étaient présents étaient simplement assis, entourés de leur habituelle couleur magenta. L'atmosphère dans la pièce autour d'eux était une atmosphère de béatitude. A tel point que Dorzak avait du mal à se concentrer sur son plan. Il a indiqué à son groupe de partir, mais alors qu'ils se dirigeaient vers l'immense entrée, la pièce a été soudainement assiégée par une horde de tribus de fils de la mer qui ont immédiatement bloqué leur passage et formé un cercle autour des Sunsets. Ils ont joint leurs mains et ont formé un arc au-dessus de chacun d'eux pour créer un bouclier protecteur. Dorzak a été pris par surprise, mais en même temps il les a observés, plutôt amusé par ce qu'il voyait comme une tentative insignifiante d'aller à l'encontre de son plan. Cela ressemblait presque à un jeu pour lui alors qu'il observait pendant un moment. Les Seasons ne lui prêtèrent aucune attention et continuèrent leurs préparatifs. Dorzak les observait avec curiosité.

« Ils n'ont pas besoin de protection« , dit-il en riant aux éclats, « ils se sont déjà rendus ! Je n'ai pas besoin de les attaquer. Vous êtes tous comme des agneaux, inoffensifs pour moi maintenant. Arrêtez vos jeux puérils et rejoignez-nous !«

Les Seasons ne l'ont même pas regardé, ce qui a clairement frustré Dorzak. Il n'aimait pas être ignoré. Il trouvait cela insolent, mais au moment où il scrutait la pièce pour voir ce qui allait se passer, il a fait une double prise. Comme un autre éclair de déjà vu, il réalisa en un instant que là, devant lui, se trouvait la véritable image que Relan avait créée dans le Livre des Prophéties. Les Sunsets s'agenouillaient devant lui, les Seasons s'inclinaient, exactement comme ils l'avaient vu, et pourtant ils ne s'inclinaient pas devant lui maintenant. Il avait vu ce qu'il voulait voir.

Il était furieux. Lui et deux de ses acolytes plongèrent vers Relan, voyant qu'il était la clé pour assurer son plan maintenant. on track, mais ils furent repoussés par une barrière qui apparut en un instant entre eux. Il vit qu'un champ de force protecteur avait été activé autour de Relan, l'isolant du reste du groupe et sur au moins 3 mètres autour de lui. Il émet une légère oscillation argentée lorsque quelque chose le touche. Les Snows étaient clairement impliqués maintenant. Modonis a annoncé à Norona que le champ de force avait réussi.

« Beau travail ! » , l'a-t-il félicité.

« Bien sûr« , répondit-elle avec un large sourire d'autorité. Si quelqu'un savait ce qu'il faisait, c'était bien Norona. Elle prétendait qu'elle n'avait pas besoin d'éloges, mais elle se délectait de l'occasion d'être sous les feux de la rampe.

Dorzak s'est retiré du bouclier pour se regrouper. Force était alors de constater que la discussion était terminée. Ses hommes de main ont ouvert un certain nombre de conteneurs pour révéler plusieurs Teslacoils. En envoyant des courants électriques à travers eux, la tension a été augmentée pour envoyer des étincelles d'éclairs à travers le couloir. Les Seasons ont resserré leur cercle autour des membres de la tribu Sunset pour les protéger des éléments. Leur peau est devenue aussi dure qu'une carapace de tortue et Dorzak a vu qu'ils portaient chacun un fil de protection qui canalisait l'électricité vers le sol.

Alors que la bataille commençait à faire rage autour d'eux, comme ils l'avaient prévu, Ellianon a soigneusement sorti les Power Packs de la Génération 6. Ils avaient eux-mêmes une diversion à mettre en place. L'un après l'autre, il les glissa dans chacun des coins de la pièce.

Modonis, Syana et Krysol ont commencé à créer un barrage de vent à travers la salle. Les encerclant d'un voile enivrant et enfumé afin de détourner l'attention du dôme où était retenu Relan. Derrière les tourbillons de fumées grises, Yargen apparut à Relan dont les yeux s'écarquillèrent immédiatement de surprise.

« Tu pourras partir après que je t'ai montré quelque chose », dit calmement Yargen.

« Ça ne ressemble pas à du libre arbitre », lui répond Relan.

« Ce n'est pas le cas », dit Yargen en riant doucement, surpris par l'ironie de la situation, puisque la liberté de pensée est le pilier le plus fondamental de la façon de voir la vie des Stars, « mais je crois que pour une fois, c'est important. Même si vous choisissez de ne pas m'écouter, je doute une seule seconde que les Snows vous laissent sortir de l'anneau qui vous encercle jusqu'à ce que vous le fassiez. Tu peux choisir d'agir sur ce que je te montre de la manière que tu veux, je te le promets. »

Relan acquiesça, voyant qu'il était en infériorité numérique et en tout cas toujours intrigué d'une sorte de provocation par ce que Yargen voulait tant lui montrer. Savoir qu'il était libre de décider après était suffisamment rassurant. Comme tout Spark, il n'aimait pas qu'on lui dise quoi faire mais il avait l'impression qu'il allait avoir droit à un procès équitable.

Yargen commença. « Je suis ici pour vous montrer comment ces événements se sont produits. »

Relan fronça les sourcils mais il laissa Yargen continuer sans l'interrompre.

Il a raconté à Relan un moment où Dorzak était à la recherche d'un membre de la tribu Spark pour exécuter son plan.

Quelqu'un de très stressé, avait-il déclaré. Quelqu'un qui serait facile à manipuler. Quelqu'un qui avait enduré tant de douleur qu'il serait prêt à se joindre à leur plan pour se sentir fort, voire peut-être pour se venger.

Relan était choqué. C'était loin de la façon dont Dorzak lui avait parlé lors de leur rencontre. Il lui avait dit combien il avait vu du potentiel en lui là où d'autres n'en avaient pas vu. Il s'était senti respecté pour une fois, comme s'il existait. Il savait au fond de lui que les Stars disaient toujours la vérité. Aller à l'encontre de cela revenait à se trahir et c'était pire que la mort. Ils devraient vivre en se confrontant à eux-mêmes tous les jours. Leur intégrité était tout. En entendant ce que Yargen avait à dire, Relan a réalisé qu'il avait été trompé et son corps s'est senti envahi par un profond sentiment de nausée et de dégoût. Il s'est figé sur place, presque horrifié, et la couleur a disparu de son visage.

Le vent continuait de fouetter la pièce, déstabilisant les tentatives des sbires de Stream de briser la barrière du champ avec leurs coups de foudre. De toute façon, Dorzak a senti qu'il était trop tard. À travers l'ouragan et la foudre, il a aperçu l'image de Yargen et a senti qu'il avait perdu son emprise sur Relan. L'important était de s'échapper avec le Livre. Tant qu'il serait en son pouvoir, il aurait le contrôle de la situation. Il serait capable de créer une autre possibilité. Chaque minute qu'il restait mettait le Livre en danger, aussi tenta-t-il résolument de se diriger vers la sortie, indiquant à ses sbires de protéger sa retraite.

La bataille entre les factions se déroulait toujours autour d'eux. Des étincelles traversaient les nuages de fumée pour rebondir sur les murs ou même sur les membres de la tribu des Seasons, qui se contentaient de reculer légèrement sous l'impact. Syana, qui était toujours dans sa position stratégique, a anticipé le mouvement de Dorzak. D'un coup de vent, elle a poussé l'un des blocs d'alimentation devant l'entrée et comme un éclair l'a frappé, il a explosé furieusement, envoyant Dorzak en arrière vers le centre de la pièce. Il est commotionné mais se relève du mieux qu'il peut. Tous les regards sont tournés vers lui alors qu'il lève les bras en l'air en signe de reddition. A tel point qu'ils n'ont pas vu Olender se glisser par une fenêtre à l'ouest, portant le Livre sous son bras. Tout le monde était tellement absorbé par l'idée d'arrêter Dorzak qu'ils n'ont pas accordé assez d'attention au sauvetage du Livre. Tous sauf Alandra qui avait lu dans ses pensées.

Olender était immédiatement sur son Regster, flanqué rapidement de deux des sbires de Dorzak. Les tribus de Seasons, à l'extérieur, ne faisaient pas le poids face à eux. Leurs éléphants étaient équipés pour la défense. Alandra a attrapé son Regster et s'est lancée à sa poursuite, avec Sketch juste derrière elle.

Les Streams étaient occupés à encercler Dorzak. Ils l'ont attaché avec des cordons électriques pour qu'il ne puisse utiliser aucun des éléments et l'ont conduit dans la cour devant le Haut Commissariat. Ryadon se tenait devant lui.

« Tu es une honte pour notre tribu, Dorzak », a-t-il hurlé.

Le groupe s'est rassemblé autour d'eux en se félicitant mutuellement.

« C'est un peu un gaspillage d'un bloc d'alimentation design ! » dit Modonis déçu à Syana.

« Tout ça pour une bonne cause », répondit-elle en haussant les épaules.

« Il en reste un », dit Ellianon en riant en le lançant dans la direction de Modonis.

Lorsque la poussière se dissipa, Liyla vit Relan assis dans un coin de la pièce, la tête entre les mains. Yargen était parti par le portail temporel, le laissant seul avec sa conscience, comme il l'avait promis. Elle se pencha et lui toucha doucement l'épaule.

« Puis-je m'asseoir ? » demanda-t-elle.

« Tu sais, nous cherchons tous cette personne qui nous dira que nous sommes parfaits tels que nous sommes, tu n'es pas le seul. Lorsque vous saurez que vous êtes déjà parfait, vous trouverez la paix et vos actions seront pacifiques », a-t-elle réconforté. « Tu as une nouvelle perspective maintenant, tu n'es plus ce que tu étais. Pas besoin de te blâmer pour ce que tu ne savais pas, choisis simplement qui tu aimerais être maintenant. »

Et sur ce, elle s'assit simplement à côté de lui tranquillement, laissant la teinte magenta de son aura envelopper l'espace autour d'elle dans lequel Relan était assis. Il ne fallut pas longtemps pour que ses mots commencent à avoir un sens pour lui et son visage s'illumina légèrement. Il se leva, remercia Liyla et suivit le reste du groupe à l'extérieur. En passant devant Dorzak, il fixa son regard de manière provocante. Puis, d'un geste du poignet, des étincelles blanches ont brûlé autour de Dorzak et, lorsqu'elles se sont évanouies, il était soudain déguisé en âne. Toute la foule qui s'était rassemblée éclate de rire.

« C'est si enfantin », rétorque Dorzak.

« Mais tellement satisfaisant », répondit Relan avec un large sourire.

Relan se dirigea vers Ryadon, puis se tournant également vers la foule, il s'excusa pour ses actions. Alors que Ryadon était sur le point de suggérer qu'ils se réunissent pour discuter de ce qu'ils allaient faire de Dorzak, la foule a entendu les bobines tomber sur le sol avec un swoosh. Dorzak s'était désintégré devant eux et n'était plus visible.

« Le Livre ! » a crié Ellianon.

Mais il était trop tard, il avait sûrement rejoint Olender, où qu'il soit maintenant.

www.ingramcontent.com/pod-product-compliance
Lightning Source LLC
LaVergne TN
LVHW050927200726
843508LV00011B/2283